蒋丰看日本

日本财经大腕谈中国

蒋丰◎著

台海出版社

图书在版编目（CIP）数据

蒋丰看日本：日本财经大腕谈中国 / 蒋丰著.
— 北京：台海出版社，2014.12
ISBN 978-7-5168-0512-1

Ⅰ.①蒋…　Ⅱ.①蒋…　Ⅲ.①经济发展—日本—通俗读物
②中国经济—经济发展—通俗读物 Ⅳ.①F131.34-49②F124-49

中国版本图书馆CIP数据核字（2014）第273160号

蒋丰看日本：日本财经大腕谈中国

著　　者：蒋　丰

责任编辑：侯　玢　　　　　　　装帧设计：孙至付
版式设计：孙玉红　　　　　　　责任印制：蔡　旭

出版发行：台海出版社
地　　址：北京市朝阳区劲松南路1号，　邮政编码：100021
电　　话：010—64041652（发行，邮购）
传　　真：010—84045799（总编室）
网　　址：www.taimeng.org.cn/thcbs/default.htm
E－mail：thcbs@126.com

经　　销：全国各地新华书店
印　　刷：固安县保利达印务有限公司
本书如有破损、缺页、装订错误，请与本社联系调换

开　　本：170×230　1/16
字　　数：247千字　　　　　　　印　张：18.5
版　　次：2015年5月第1版　　　 印　次：2015年5月第1次印刷
书　　号：ISBN 978-7-5168-0512-1

定　　价：38.00元

中国在六大安全领域还需要向日本学习

2014年岁末，当《蒋丰看日本：日本财经大腕谈中国》访谈集的校对稿"齐、清、定"地放在我案头的时候，引发了我不少的感慨。

先讲一点我个人的体验以及感受。从某种意义上讲，我是近30年来中日两国社会经济发展的见证人。

我1988年自费到日本留学。当时，我们国家对外汇实行严格的管制，每个自费到日本留学的人员，允许一次性兑换8000日元。当时，从东京成田国际机场到东京都的中心——新宿，乘坐轻轨电车需要3400日元；乘坐专线大巴需要8000日元；乘坐出租车需要24000日元。如今，我们国家有雄厚的外汇储备，每个到日本自费留学人员，可以每年兑换5万美元——大约在500万日元以上。我想，拿着8000日元进入日本的中国人和拿着500万日元进入日本的中国人，对日本社会乃至于经济的看法会完全不一样。

当年，我到日本的第三天，就到东京六本木一家中餐馆涮碗打工，然后星期六、星期日当清扫工、搬运工。我曾粗略地计算过，我在日本至少打过13种工。现在，到日本的中国自费留学生打工的越来越少了，不少学生告诉我："我爸爸让我到日本先玩半年后再考虑打工的事情。""我妈妈说家里的钱足够，不让我去打工！"更有一位同学在饭店打工时不小心划伤了手指，通过微信拍照传给国内的亲属，一个星期后爸爸妈妈、爷爷奶奶、姥爷姥姥齐刷刷地来到东京。那种抱头痛哭的场面堪称一绝！而这背后，是中国社会经济的发展。

当年，我回国探亲的时候，还有所谓的"四大四小"指标，用这些"指标"可以购买电视、冰箱、洗衣机、自行车、照相机、随身听、唱机、电子琴等家用电器。如今，中国留学人员以及游客从日本回国的时候，有能耐的是买汽车，通常人是买马桶盖、电饭锅、化妆品、貂皮大衣、长筒袜甚至牙膏牙刷、纸尿布、奶粉等家庭日用品。当年，日本人到中国去，只要赠送给中国人一支圆珠笔或者是一个一次性消费的打火机，中国人都会非常高兴；如今，日本人到中国去之前，常常为赠送中国朋友什么礼物而纠结不已，他们真的不知道送什么好了。这种对日本产品需求的变化，从另外一个侧面反映了中国社会经济的变化。

当年，我们到日本读书求学，毕业后求职上班。如今，我们自己创业发展，开办公司，自己当老板，成为经营者和雇佣者。这样一条留学生——就职者——经营者的发展轨迹，不仅反映了20世纪80年代中国改革开放后走出国门的新华侨的发展史，更反映出日本社会经济的变化——日渐趋于国际化。

三十年河东，三十年河西。当年，中日两国的经济状况可以用"两个世界"来形容，中国的GDP是日本GDP的四十分之一。2010年，中国的GDP达到5900万亿美元，日本的GDP为5400万亿美元。中国超过日本，成为世界第二大经济体。

坦率地讲，在中国和平崛起、经济高速增长后开始进入"中高速发展"的今天，中国还是否需要向日本学习呢？我经常思考这个问题。在我看来，近代史上，1894年甲午战争大清失败以后，曾经卧薪尝胆"以强敌为师"，在1896年派出13名赴日公费留学生，学习日本的政治、军事制度，结果导致1911年中国社会政治上发生质的变革。当代史上，中国改革开放的总设计师邓小平1978年10月出访日本，仍然是"以强敌为师"，乘坐新干线列车，参观日产汽车公司、松下电器公司、新日铁公司，争取到日本大量经济、资金、技术的援助，为2010年中国成为世界第二大经济体奠定了基础。那么，今天中国是否还需要向日本学习呢？

近年来，作为华文纸媒《日本新华侨报》的总编辑，我走访了近百家日本企业的大腕。我听他们时而动情时而冷静地谈中国、谈中国经济、谈中国人，当然他们对比的坐标是日本、是日本经济、是日本人。这种现场走访、亲耳倾听乃至于偶尔的思想交锋，不仅让我感受到日本财经大腕们的一些情怀，更坚定了我的一个信念，那就是今天以及今后相当长的时日，中国的企业家、经营者们仍然有向日本学习的必要。

简单地说，中国经济和企业家、经营者们至少在食品安全领域、交通安全领域、住宅安全领域、医疗安全领域、环保安全领域、教育安全领域这六大领域方面，需要谦虚地向日本继续学习。现在，国内年轻人中有"哈日族"的说法，对此，我有点不以为然。一个"哈"字，表现出来的不仅仅是"喜欢"，还有一点"点头哈腰"的味道。如今，我们不必过于"哈日"，但应该"知日""学日"，与其争口舌之快做"键盘党"，不如脚踏实地"学习日本"。日本在现代化、工业化、城镇化等方面都走在了中国的前面，这是在付出沉痛代价后取得的。今天，如果中国经济能够汲取日本经济发展过程中的沉痛的教训，中国就会走上发展的"快车道""便捷道"。如果中国经济忽视于此，就会重蹈日本经济的挫折和覆辙。应该说，这也是我采访日本财经大腕的初衷之一。

最后，我要感谢《日本新华侨报》社长吴晓乐女士。她至今担任报社社长已经15年了，也是一位经营者。《日本新华侨报》社能够从单一纸质媒体公司发展成为今天这样多媒体的、有影响的公司，与她的运营有着直接的关系，与她善于向日本企业家、经营者学习有直接的关系。我还要感谢《日本新华侨报》的优秀的编辑、记者、营业团队，没有他们大量、辛勤、细致的努力，这本访谈集的问世是不可想象的。同时，我还要感谢本书的策划者北京兴盛乐书刊发行有限责任公司总经理赵涛先生和本书的出版方台海出版社。在一次偶然相遇的机会，是他听到我讲述这些采访内容时，当场拍板，以至于有了这本访谈集的问世。

多少年后，我希望能够再写一本《中国财经大腕谈日本》。千年的文字会说话，这样的访谈集可以见证中国和日本是在亚洲成为"强强并存"后如何进一步发展的。这样的发展，于世界有益，于中国、于日本，也都是有益的。

《日本新华侨报》总编辑

蒋 丰

2014年12月22日于东京

目录 ▲

爱己乃不善之最也

记日本"经营之神"稻盛和夫

"经营之神"稻盛和夫

日本亚洲投资公司（JAIC）一位78岁的老人，当年接受日本首相野田佳彦的邀请，在日本航空公司濒临破产时临危受命，只用了两年时间就重建了公司并成功再次上市。这个人就是有着当代"经营之神"美誉的稻盛和夫。

话说当年，稻盛和夫27岁开始白手创业，不但将自己的"老本行"——京瓷公司打造成为世界500强企业，还凭着一股造福于民的信念进军电信业界，最终通过市场竞争大幅降低了日本的通讯费，同时也让后来的KDDI公司跻身世界500强行列。

在日本，稻盛和夫与已经去世的松下幸之助、本田宗一郎、盛田昭夫并称为"经营四圣"。他自己多次强调指出，是年轻时学习了中国圣人们的教导，才有了自己的今天。越是竞争激烈的时代，这些圣人们所教导的正确的为人之道才是最重要的。

爱己乃不善之最也

众所周知，今天的中国大陆的企业正在转型过程中，在这样的一个变局当中，稻盛先生的经营理念对中国的企业产生什么样的影响，会有些什么样的启示呢？

稻盛和夫这样说："如果有人问我：公司是谁的？我会毫不犹豫地回答："公司的意义在于追求全体员工物心两面的幸福，是为了客户、交易对象、地区社会以及所有与公司相关的人。'

"虽然有人主张'股东主权论'，认为为股东谋利才是公司存在的目的。但京瓷公司从创业到现在，我从来没有讲过这种话。我希望在保证他们利益的同时，把公司做成让员工安心、开心工作的地方，并因此得到社会的广泛信赖和尊敬。从这个意义上讲，经营者首先有责任让自己率领的团队获得幸福。

"我所尊敬的同乡前辈西乡隆盛在他的遗训中说："爱己，乃不善之最也。'这是为建立明治政府竭尽全力的西乡，对当时醉心于私利自欲的领导人所发出的警示。'包括自己的生命在内，只有能够抛弃私心的人才能成就大事。'这句话不仅适用于经济界，也适用于各行各业。我坚信，领袖的标准就在克己奉公。

"对于中国来说，现在确实到了转型期，无论是经营者还是个人都面临很多抉择。在进行判断时，是以私利私欲进行判断还是以人的良知来判断，结果将迥然不同。

"我年轻时就开始学习中国的孔孟之道，也认真钻研了《论语》。我感叹这些中国的优秀人物，有着了不起的思想。或许有人认为，在如今这个时代赚钱才是最重要的，这些古老的道理已经行不通。但这是不对的。

我认为越是竞争激烈的时代,这些圣人们所教导的正确的为人之道才是最重要的。这种思想造就了今天的我。

"的确,经营企业需要追求利润。但君子爱财也应取之有道,不能为了利润而不择手段。我们应该通过正道来追求利润,这样才符合爱他、利他的思想。

"以重建日航为例。我接受这项任务时,约4万日航员工正面临失业。当时日本经济不景气,很难想象这会给日本社会造成何种恶劣影响,大型企业破产也会给日本经济带来冲击,降低外界的信心。所以我既要保住他们的饭碗,也要守住日本企业的名誉。我为了帮助员工,抱着利他之心来到了日航,员工们非常感动。他们在每个岗位上都钻研创新,不断地进行改革,结果收益就提高了。可以说正是利他之心带来了利润。"

日中关系终能走出困境

近年来,中日两国因为钓鱼岛危机引发关系持续紧张。日本的政治家和经营者,今后应该如何与中国打交道?

稻盛和夫告诉记者,日中关系现在暗流汹涌,情况非常严峻。处理起来并非易事。日中两国都坚持认为那是自己的领土。领土问题不能简单地用一加一等于二的简单方式解决,这个问题就像是卡在嗓子眼里的刺,要想取出来需要花费时间。

但是,包括经济在内,日中不能单单因为这个问题就一直坏下去。日本人要把国土问题放到一边,对中国民众以德待人,对于中国政府人士,也要用日本人的高尚德行去接触。

在中国数千年的历史中,出现过孔子、孟子等众多杰出的哲学家。哲学理论非常精辟,普通的大众也拥有这样的素养。我觉得日本应该放弃霸道，对中国以德行来接触。在中日企业的经营与合作中也是如此，除了做好自己的工作外还要关心和呵护对方。德是待人之本。

日中两国间的问题不会通过激烈的方法解决，因此它也是一个长期性的问题。但是两国人民的本性是十分相近的，接受的传统文化熏陶也十分相近。因此从这个角度来看，我认为两国关系终能走出困境。虽然这也许会需要很长时间。

中国人开始接受稻盛哲学

在中国，稻盛和夫的书籍不断出版，"稻盛哲学"也日渐获得认可。他的哲学在中国最受欢迎的是哪一部分？

稻盛和夫认为，应该是"稻盛哲学"中的"利他"之心。虽然公司经营者关心的根本问题是如何盈利，但我认为在这之前要先考虑如何"利他"。如果你自己想盈利的话，别人也想盈利，那么就必须考虑双赢的问题，否则就永远是"一锤子买卖"。经营需要方法和技巧，但最终这些都与经营者的品性有直接联系。如果经营者被"利己"之心驱使的话，那这个世界将变成什么样？

举个例子，现在在欧美的经营方式就是"利己"。只要自己能赚钱，别人再苦再累也与己无关。还有成果主义，只要员工做出成果，我就会给他涨工资等。这就是"利己"之心驱使经营者采取的经验技巧。但我认为这是行不通的，经营者必须基于"利他"的基础之上。这个理论在中国越来越受欢迎。

我在北京大学和清华大学演讲时，曾有中国著名的教授对我说："中国为了快速实现现代化，一直给学生灌输欧美的经营教育理念。但我们现在需要深刻反省，今后也打算将你的哲学介绍给学生。"

那么，看上去是"利己"观念横行的中国，为什么开始接受"稻盛哲学"了呢？我觉得是群众已经认识到，现在的中国企业间回扣现象横行，部分政府官员行贿受贿也愈演愈烈，这些都是不正常和不健全的现象。为了改变这一现象，我在中国四处奔走演讲，不辞辛劳也不接受报酬。我想正是因为中国民众看到了我的行动，才对我的理论产生信心。我的理论还在不少中国政府人士间引起了共鸣。他们认为中国的经营者可以因此得到启发，非常有意义。

中国是个拥有13亿人口的大国，不可能一朝一夕就得到根本改变。但是我看到越来越多的中国各阶层人士开始拥有"利他"之心，我很期待中国会发生改变。

中国文化影响一生

从"稻盛经营"到"稻盛精神"，稻盛和夫已经成为了日本成千上万人们追随和学习的对象。但稻盛和夫在教导员工或在外演说时总强调"自利利他""积德行善"等中国古典的道德规范。这些东西到底对稻盛和夫本人有什么样的影响？

稻盛和夫回答说：就像我刚才所说的，中国的传统思想造就了今天的我，这表现在很多方面。比如我曾在1997年时皈依佛门，在一家禅宗寺院出家。当时很多人认为，佛教普度众生和企业追求利润的理念相悖。但我认为这是个极大的误解。佛教中有一句话叫"自利利他"，认为要想自己获利必须造福他人。在企业经营当中，我也经常要求员工尽力帮助别人。这样肯定会有回报。

僧人的化缘修行非常辛苦，对身心忍耐力都是一种锻炼。当天傍晚我拖着疲惫的步伐回寺院的途中，路上一位正在扫地的老太太向我走来，她看上去很贫穷。但她伸手递给我100日元硬币，对我说："您一定很累也很饿了吧，请拿这些钱买点吃的吧。"当时我全身就像电流流过，颤抖得说不出话来，眼泪止不住地往下流。那种幸福的感觉令我毕生难忘。

中国有句古话叫"积善之家必有余庆"，日语里也有"善待他人也是为了自己"的教诲。做善事的人家子子孙孙都会得到幸福。因此，我认为所谓佛教不适合资本主义、不适合企业盈利的说法是错误的。中国的古典文化、传统正是经营者所需要的精神食粮，它影响了我的一生。

对于中国新一代正在崛起的企业家，稻盛和夫也有期待。他说：中国人在商业方面有很好的才能。从历史上看也是一样，华侨在世界各地都取得了经营的成功。总的来说中国具备商业人才。但是，如果只是为了赚钱的话，就会在这个过程中失去自我。在中国的传统文化中也看到，人应该要做什么，应该注意什么，我认为中国的企业家们应该学习中国的古代文化，学习古圣先贤的思想，重新审视古典文化，避免误入歧途。我认为这是非常重要的。

走笔至此，笔者的脑海里面闪现出这样的思考。中国经营者追捧稻盛和夫，根本目的是为了向他学习赚钱的方法。但是人们已经发现，稻盛和夫成功之后，无论在日本还是在中国，传播的都是中国传统道德规范，将此归结为自己的成功之道。中国经营者的"求"与稻盛和夫的"供"之间，乍一看是有些对不上焦。

但是我们也看到，2012年，由于中日钓鱼岛争议，引起了中国广泛的反日游行和抵制日货运动。日本人写的书在中国书店里消失了，但稻盛和夫的理论著作却仍然屹立不倒。尤其是他的《活法》，在中国已经卖出一百余万册。正是他的这一理论哲学，引起了中国社会的共鸣。

中国社会正在呼唤传统道德观念。如果中国的经营者也能适时地转变思想，不要一味地追求眼前利益，用一句日本的老话来讲："成功会是伴随而来的结果。"

◯2 要在中国争做好"企业市民"

记"丰田王国"第六代继承人丰田章男

"丰田王国"继承人丰田章男

2009年6月，受全球瞩目的丰田汽车王国，迎来了它的第六代继承者——57岁的丰田章男。日媒将丰田章男的就任形容为"大政奉还"。"大政奉还"原指1867年，日本第15代将军德川庆喜把政权还给明治天皇，日本开始走上富国强兵之路。由此可以看出，外界对丰田章男执掌汽车王国的期待。

然而等待这位继承者的，却是一系列前所未有的考验。首先是"丰田召回门"事件，紧接着发生了"3·11大地震"和泰国水灾，令国内外的丰田工厂都被迫停产，汽车王国的声誉和光环似乎都大不如前。外界开始猜测，这个临危受命的"富四代"，是无法带领巨大产业挺过一劫的。

丰田章男力挽狂澜。2012年度，丰田汽车销量重夺全球第一；2013年度，丰田汽车全球销量同比增长4.2%，首次突破千万辆大关；2014年，丰田汽车将再次刷新销售纪录。这个"富四代"，一出手就是有备而来。

力挽狂澜的底气何在

丰田章男自庆应义塾大学毕业后，曾经去"基层"锻炼过几年，回到自家公司时也依旧是从零做起，可谓基础功扎实。但仅靠基础功，就能支撑他在全球经济衰退的大环境下，带领丰田走出亏损泥潭吗？

丰田章男在去自己的母校庆应义塾大学做演讲时透露，"自己能够力挽狂澜，跨越危机，全是通过在大学时代打曲棍球锻炼出来的"。为了参加曲棍球部的练习，丰田章男经常逃避学习。不过凭着要么不做，要做就做彻底的韧劲儿，大三那年，他差一点就被选拔为奥运会曲棍球日本代表团的一员。

人生不能没有好师父

自庆应义塾大学毕业后，丰田章男去美国留学，在美国投资银行工作了几年后，又打回"大本营"。这在外人看来顺风满帆的人生轨迹，在他本人看来，却不是那么值得羡慕。

"谁叫我姓丰田来着。"自打进丰田集团工作的第一天，同事们便将他视为集团的继承者，和他保持着冷淡而友好的距离。这种无法缩短的距离感，让丰田章男倍感失落。当时的社长，丰田章男的父亲丰田章一郎也对他说："全公司就没有一个人愿意做你上司的。"

但人在成长道路上，怎么能少得了一个好上司、好师父呢。丰田章男还算运气好，即便身份特殊，也有敢于直言的人做了他的第一个师父。这个人，是丰田汽车首席试车手成濑弘。

结识成濑弘那年，丰田章男44岁，刚刚就任丰田本社社长。在一次试车后，成濑弘抛给丰田章男一句话："我是用生命在试车，不想听你这个不会开车的人在一边指手画脚。"

丰田章男当然没有生气，他总算遇到了不管不顾，能正面跟自己冲突的人。此后，丰田章男自觉减少了打高尔夫的时间，开始跟着成濑弘学习开车。学会开车后的丰田章男，对于"好车"有了新的认识。什么是"好车"？就是安全加乐趣的车。

要么不做，要做就做彻底。从2007年开始，学会开车的丰田章男就坚持参加在德国举行的24小时耐久赛。无论公司内部还是外部，无论明里还是暗里，都有人说他是在作秀。但丰田的工程师们，却很是受用。"社长到工作现场来，是从设计师和试车手的角度说话，这让我们想起从前的丰田的高层。这车用起来怎么样，是不能用具体的数值来表示的，只有会开车、开过车的人才明白。"

2010年，教给丰田章男什么是"好车"的成濑弘，在德国试驾雷克萨斯LF-A纽博格林特别版车型时，与一辆宝马3系相撞，当场殒命。

丰田章男说："自己每次握方向盘的时候，都会想起师父成濑弘。"

我们要做出更好的车

有日媒分析称，造成丰田汽车王国赤字与低谷的主要原因，在于丰田集团得了"大企业病"。对于这种分析，丰田章男自己是怎么看的呢？在他的诊疗下，目前"病情"得到改善了吗？

丰田章男说："接任丰田集团社长时，就像是在暴风雨里出海。在经历多重困难后，我认识到，对于经营来说，最不好的情况，就是急速扩大经营范围或急速缩小经营范围。公司在不断追求利益最大化的过程中，逐渐没有人考虑什么才是真正的'好车',包括高层管理人员在内,员工们的意识都发生了变化,不再考虑引领未来,而是认为只要丰田推出新车,就会有人买,开始什么受欢迎就卖什么。将销售台数直接和收益划上了等号,让结果变成了目的。"

"我从就任以来,就一直反复强调,我们要做出更好的车!我的工作,就是扭转丰田人的意识,改善企业的水土,唤醒员工们的使命感,让他们重新想起,丰田这个公司,究竟是为了谁,为了什么而存在,而制造汽车的。我认为,目前无论是员工还是商品,都逐渐有了改善。"

造车其实也是塑人

在日本应届毕业生最想进入的企业前十名里,丰田集团年年榜上有名。作为一个君临全球汽车业的国际性集团,在录取员工方面有哪些不一样的要求呢?什么样的人才能成为"丰田人"呢?

丰田章男回答:"造车,其实也是塑人。我的专管事项,就是人才的培养。人不经过锻炼是不能造出好车来的。在新车开发会上,总会遇到开发人员问我,'社长,你觉得什么样的车是好车?'而我则会回答,'请你按照自己理想的好车去设计。'当然,我也有我的看法,我会在新车试乘的过程中,和开发人员交换意见的。而有时候,我的意见也会遭到反对,但我欢迎那些坚持自己设计理念、坚持自己信念的人。因为即便意见不同,我们的最终目的都是要设计开发出好车。我期待年轻人能设计出超过我期待的好车。

"在每年迎接新员工的入社式上,我总是会送大家三句话:一直抱有感谢的心、享受工作、变得更加喜欢汽车吧。新员工入社后,我希望他们能在最初的3年里心无旁骛地埋头苦干,如果觉得3年太长的话,可以先从

3个月、3星期、3天开始努力。不管做什么工作，只要坚持努力，就一定能获得人生的财富。

"对于人才，我是这么想的。再怎么有才华的人，都不会是一个完美的人。所以，我对员工从不苛求完美。就算是有99个优点的人，也总会有1个缺点的。就算是有99个缺点的人，也总会有1个优点的。我所接受的教育，就是哪怕有99个缺点，也要努力发挥利用那1个优点。因此，我不求'丰田人'各个都是完美的人，但我希望每个'丰田人'，都能够具备一个别人无法超越的优点。"

在中国争做好企业市民

2012年，有多家日本媒体报道称，由于中日关系紧张，导致日系车在华需求疲软，库存增加，丰田汽车"全面停产""准备退出中国"的消息也随之在网络上热传。丰田汽车是如何看待中国和美国市场的？

丰田章男说："中国市场，现在正处在逐步恢复的阶段。日中两国间经常会出现这样那样的敏感问题，但无论日本的哪个制造商，都会在中国确保人才雇佣，和中国当地的合作伙伴一起开展业务，都会尽可能地让生意不受政治问题的波及。即便受波及，也要控制在最轻微的程度。"

丰田章男对中国市场很偏重，"召回门"事件后，他亲赴中国国内，对消费者道歉、说明；亲自到丰田中国研发中心参加奠基仪式和新产品发布会等。"对于日本的制造商来说，最为重要是美国市场，但同时我们也非常看重中国市场。让一个全球性企业来考虑各个国家之间的利益，是个挺困难的问题。所以我们的想法很简单，就是无论中国、美国或其他国家，只要丰田进驻那个国家，就会努力切磋琢磨，争取做那个国家好的企业市民。"

要像大树一样稳步成长

2011年到2013年，是丰田汽车创立70多年来，最为波澜起伏的三年。

回顾这三年的奋斗，丰田章男是如何给自己打分的呢？2014年，对于丰田章男和丰田集团来说，会是怎样的一年呢？

回顾过去的三年，丰田章男说："我希望，这三年，不要被记忆的橡皮擦去，过一段时间再回头看，这艰辛的三年，也会成为一段好的历史，一段值得自豪的历史。我希望人们以后会说，正因为有了那风雨不断的三年，才打造出丰田今天坚实的基础。

"丰田的经营，最为关键的，就是保持可持续性成长。我还能做几年社长自己也不知道，在将接力棒交给下届社长时，就是最能看出我的领导成果的时候。企业，是半永久性生存下去的，有那么多的员工，都把自己的人生和丰田搭在了一起，我希望丰田让他们感觉到，能在丰田度过了人生当中的几十年，真好！丰田是他们的一生之友！

"在丰田汽车成立之前，通用汽车曾连续70多年都是世界第一，引领全球汽车产业发展。经过激烈的竞争，如今，丰田汽车也发展到了能够与通用汽车一决高下的规模。今后，汽车行业前七位将会不断交替。有人说，汽车产业已经是成熟产业。但我不这样认为。今后，汽车产业也还有成长余地。

"希望对于丰田来说，2014年能是稳步前进的一年，就像树木一样，每年都保持一定幅度的成长，取得好成绩也不骄傲，遇到一些挫折也不卑屈。就像大树一样，顺着一个方向，增长出深刻的年轮。"

让中国消费者信赖"日产"
访日中合资企业东风汽车有限公司总裁关润

日产汽车是日本著名的汽车制造商之一，创业80年来，已经行销到世界上190多个国家，如今每年销售520万辆以上，在全球汽车市场占有率大约为6.2%。

日产汽车在中国市场也不甘居人后。自从1973年向中国出口第一辆轿车以来，该公司已经在中国建成多家公司、工厂及研发中心，业务范围遍布整个中国大陆。据2013年的新车销售统计，中国已经成为与美国并列的、该公司最大的海外新车销售市场。

日产汽车在中国的成功推广，也要归功于其与中国汽车制造商的亲密协作。2003年6月，日产和东风汽车公司合作，成立了中国最大的汽车合资企业——东风汽车有限公司。历经11年、两任总裁的驾驭后，日产在中国市场的方向盘交到了更为年轻的新总裁关润手上。嗯，关润这个名字，听起来像是中国人的名字，实际上他是日本人啊！这或许就和"日产"在中国翻译成为"尼桑"一样，让人感到一种亲切。需要说明的是，关润现在还兼任日产总部的二把手——专务，由此也可以显示出中国市场对日产汽车的重要性。

2014年5月13日，《人民日报海外版日本月刊》《日本新华侨报》记者联袂走进位于横滨市的日产汽车总部，对身兼双职的关润先生进行了专访。

中国已成日产最大的海外市场

《日本新华侨报》：日产汽车是在中国市场中销量最大的日本汽车制造商。从2012年秋天开始，中日两国的外交关系开始转冷，日产在中国市场的运营也受到一些影响。在这种背景下，你是怎样看待中国市场的呢？

关润：中国是日产在海外最大的市场之一。根据2013年的统计，日产在中国的销量与美国不相上下。在

日中合资企业东风汽车有限公司总裁关润

2014年的销售计划中，中国将超越美国成为单独国家销量第一。无论是从销量和收益上，中国市场对日产都是至关重要的。

但是另一方面，2012年发生的岛屿问题，也使日产在中国受到了很大的冲击。当年9月问题尖锐化时，我们无法预测到底什么时候影响才能消除。

现在，日产已经度过了那段艰难的时间。我们决定既要重视中国市场，又要为可能再次发生类似的事情做准备。现在我们在中国顺利地销售新车，就需要努力成为更受中国市场及消费者信赖的企业。无论是购买车辆的顾客，还是在东风有限公司工作的职员，以及支持我们的投资人或零件供应商，我们希望能够更加为他们所信任。为此，我们要在销售数量和收益上稳步切实地实现已经制定的计划目标。

另一方面，我们也会坚持一贯地为中国社会做出贡献，比如帮助贫困儿童上学、与清华大学等研究机关开展共同研究、赞助知名足球队等。我们相信，只有将社会公益活动深植到中国，才能赢得中国民众的信赖。在

这样的努力下，即使再出现一次风波，我们也可以把受到的负面影响降到最低。

《日本新华侨报》：2013年，日产汽车迎来了创立80周年，同时也是中国业务开始40周年纪念。从2003年开始，日产与中国国营企业共同成立东风汽车有限公司。日产为什么将总部选在了内陆地区的湖北省武汉市，有什么战略上的考虑吗？

关润：当时，日产在中国成立合资公司与其他公司有所不同。虽然我们从40年前就向中国出口汽车，但进入中国市场开展运营却是从2003年才开始的，比很多国际型企业或竞争对手要晚一些。因此，为了提高竞争力，我们就必须成立一个兼容、涵盖多领域的合资企业。

通常来说，国际型汽车制造商在中国设立合资公司时，只会成立家用车部门的合资企业。但日产不但开展家用车业务，也开展商用车业务，因此我们的事务所也遍布全中国。同时，我们也要与东风汽车总部保持紧密的联系，因此最后将东风汽车有限公司的总部选在了武汉市。武汉位于全国各事务所的中心点位置，可以促进各事务所的均衡发展。

相互信赖和理解最为重要

《日本新华侨报》：日产汽车是日本具有代表性的跨国企业之一。进入中国市场就必须制定相应的经营战略，日产在中国市场最重视的方面有哪些？

关润：在制定中国市场战略时，确实有很多方面需要重视。我想其中最重要的，就是要以为中国消费者服务为目标，成为值得他们信任的企业。因此我们不能选择一边倒的追求利益的经营模式，而是尊重中国市场与产业需求推出商品。比如我们在中国开展大型卡车、工程车方面的业务，还提供重机械零部件和生产机械等。这项业务对中国建筑业发展起到了推动作用。

除此之外，从2011年开始，生产家用车的东风有限公司还创造了地方品牌汽车。这也是中国政府一直在强调的，跨国企业要融入当地，开创优秀的地方品牌。我们最重视的是让中国人为中国人开发新的家用车，通过推进本土化为中国做出更多贡献。

《日本新华侨报》：根据数据显示，日本在中国投资的公司有两万余家，其中有成功的，也有失败的。在你看来，日本企业在中国投资最重要的是什么？

东风汽车有限公司的组装车间

关润：最重要的还是相互信赖和相互理解。首先要理解对方，其次要将自己的情况完整地呈现给对方，让对方了解自己，只有了解才有信赖。举一个例子，一般的国际化企业都会与两家以上的公司搞合作。日产与东风汽车相互理解和信赖，东风对日产与其他公司的合作也没有担心的必要。因此，我们的合作总是非常顺畅，不在一些不必要的地方浪费精力。

现在，我既是日产总部的专务理事，又是东风汽车有限公司的总裁，这在我们进入中国市场之初是无法想象的。但从我这一代管理者开始可以这样做，也是基于双方的信赖关系。东风汽车当然希望我专注于中国方面的业务，但是日产总部希望两个公司合作能够更成熟有效，因此才做了这样的决定。正是有了这种信赖关系，我们双方的合作才能顺畅，也正是有了这种信赖关系，我们的合作才能更上一个台阶。

努力赢得中国消费者的信赖

《日本新华侨报》：日本企业在进入海外市场时，需要解决的课题之一，就是怎样融入当地社会。在员工培训、与中国企业交流等方面，日本企业应注意哪些问题？

关润：作为一个国际品牌，不单是在中国市场，在很多国家我们都面临着同样的问题。我们的解决办法就是，利用"固定部分"和"变动部分"的双重机制融入当地社会。前者说的是世界共通的标准，而后者就要根据不同国家或地区的特征、个性，制定不同的办法。

我们在中国成立公司刚满10年，与其他国际化品牌相比还很年轻，因此我们的公司管理还没有完全实现本地化。但我们也不希望完全沿用"日本人+中国人"的管理模式，而是想吸收更多的国际化元素。

比如日产的总部里包括社长在内，三分之一的董事会成员都是外国人。因此我们也想在中国打造这样一个管理团队。虽然现在东风有限公司的内部用语主要使用中文与日文。但有一天我们要变成中文和英语，这样就能派遣更多的国际型优秀人才到中国市场去。

但是，这是一个非常巨大的工程。日产总部除了日本市场部门之外，已经连续14年坚持使用英语作为社内通用语，现在的课题是要在我们的中国公司普及英语。我相信总有一天能达到这个目标。

《日本新华侨报》：现如今，企业越来越重视和致力于社会贡献，在海外市场应对不同国家或地区的不同需求。中国目前面临着严重的环境污染，请问您如何考虑在这些方面为中国社会做出贡献？

关润：社会贡献对于一个国际化企业来说是非常重要的。日产在中国主要进行的社会活动有：救助贫困儿童、与清华大学共同展开研究，以及赞助知名足球队等。中国目前确实面临着非常严峻的空气污染，政府也加大力度想解决这个问题。在这方面，日产希望利用自己的先进汽车理念和技术，为中国治理环境污染做出贡献。

比如我们从去年开始在中国大力推广新型电动家用车。这项技术在世界已经开始广泛普及，并受到了好评。现在该车型的主要市场还是日本、美国和欧洲。中国已经开始销售电动汽车，但主要还是以公务车为主。普及电动汽车的关键是增加个人用户。消费者对以电池为中心的电动家用车，可能存在耐久性和安全性方面的疑问。

我们销售的电动汽车基本以个人用户为主，完全没有出过品质方面的大问题。如果中国消费者知道电动汽车在全球市场上的销售成绩，就能消除不必要的担心。增加电动汽车的销售量，对改善中国大气污染也能做出很大的贡献。

将民间友好的交往持续下去

《日本新华侨报》：中日关系正处于恢复邦交正常化以来的最低点。经团联等日本经企界团体陆续访华，期待改善两国关系。你认为应该怎样做，才能使两国关系得到改善呢?

关润：首先我想说，我身边有很多中国人与日本人，他们的关系其实非常良好。在民间或者说是个人交往层面上，两国关系并不存在太大的问题。

比如东风和日产的中国社员们，他们非常喜爱日本的文化、饮食或明星等。另一方面，从日本派到中国去的日本员工也喜欢那里的食物和电视节目。因此双方都是带着好意与诚意去和对方交往。

另外，像我这个年代的日本人，对中国的历史非常喜欢，比如武汉有很多《三国志》里的历史遗迹、石碑等。日本有文字记载的历史是从公元5世纪开始，但中国却已经有3000年甚至更久的历史了。中国的文化和历史让日本人感到向往，两个国家从根本上说是兄弟，需要互相尊敬。

现在两国在政治和外交层面上的矛盾，很多都是历史和战争遗留下来的问题，这不是我可以评论的范围。我只希望政治家们尽快解决这些问题，将两国关系继续良性发展下去。对于我们民营企业和普通民众来说，只能是努力将民间友好的交往持续下去、坚持下去。

《日本新华侨报》：你总共去过几次中国，对中国或中国人有着怎样的印象?

关润：我第一次去中国是在2007年，当时是去广州出差，之后我就开始负责中国市场方面的业务。截止到2012年底，我去过11次中国。现在，我是居住在中国，经常往返于中日两国之间。对我来说，中国和日本的距离就像从东京到大阪这么近。但是，真的很遗憾，东京与武汉还没有开通直航，所以每一次往返，单程就需要12个小时。

我感到中国人很友善，我身边有不少人负责照顾我的各方面事物，他们非常细心负责，特别是对我的健康很关心。除此之外中国员工还很好学，而且不满足于只学习书本上的知识，还希望能够学以致用，在这方面的意识很强。因此从整体上来讲，我对中国和中国人的印象非常的好。

架起日中之间的"空中友好桥梁"

访日本航空公司总裁植木义晴

日本航空公司总裁植木义晴

第二次世界大战后，战败的日本满目疮痍，急需一家自己的航空公司来连接世界，实现再次腾飞。1951年8月，日本航空公司（以下简称"日航"）应运而生。1954年2月，日航开辟了通往美国旧金山的航线，成为拥有国际航线的航空公司，并一度被视作日本战后经济繁荣的象征。同时，日航与中国国际航空公司是最早开通中日定期航线的航空公司，之后在此航线上经营了众多定期航班的航空公司，为中日两国承运了大批旅客。40年来，日航一直为中日两国发挥着空中桥梁作用。

2010年初，由于各种原因，日航申请破产。然而出人意料的是，在宣布破产仅仅两年零8个月后，日航成功复苏，重新上市。它采取了何种战略，为什么能绝地逢生？日前，日语版《人民日报海外版日本月刊》和中文版《日本新华侨报》记者联袂走进日航，对该公司首位飞行员出身的总裁植木义晴进行了专访。

日中民间交流支撑企业发展

《日本新华侨报》：现在，中日关系处于严峻复杂的形势，它给日本的航空市场带来了哪些影响？

植木义晴：在1972年构筑日中邦交正常化时，当时的日本首相田中角荣往返中国所乘坐的就是日航的飞机。这对我们来说，非常荣幸！

两年后的1974年，日航作为日本的航空公司，率先开通了定期中国航线。最初是一周2班，其中一条航线从东京飞北京再去上海，然后途径大阪回到东京。还有一条航线是东京飞大阪然后到上海，最后去北京后，返回日本。

今年，正值日航开通中国航线40周年。在此期间，我们为一直支撑着日中两国间的政治、经济、文化交流而感到自豪。40年来，约有2,700万名乘客在往返于两国时搭乘了日航的航班。我们一直将自己视为日中友好的空中桥梁，为此付出了不懈的努力。

我们现在执飞北京、上海、天津、大连、广州、香港6个城市的航线，每天承运15个航班。目前虽然中日关系比较冷淡，但两国间的定期航班需求基本上没受到影响。

的确，从日本前往中国的游客数有所减少。但是，去年赴日的外国游客达到1000万人次。当中，来自中国的游客还在持续增加。今年1月至5月，中国赴日游客人数与去年同比增长了90%以上。由此可见，即使是日中关系处于严峻时期，彼此的民间交流还是很频繁的，未受太大影响。

《日本新华侨报》：你经常去中国，对中国、中国人的印象如何？

植木义晴：现在，我手里有十几本小册子，都是在飞行后做的个人记录。无论是国际航班还是国内航班，我每次都清清楚楚地把飞行时间等信息记在上面。而且，我还会与公司的数据进行对比，查看是否存在错误。1975年，在我23岁进入公司时就已开始了笔记工作。

这本册子上，就有我首飞中国的飞行记录。是1981年9月11日，从东京成田机场飞往北京的记录。一般情况下，回程应该是从北京飞往东京成田机场，但我没有这个纪录。也就是说，我作为飞行员执飞了前往北京的航班，之后没有在北京住宿作为乘客又马上返回到日本。

1974年9月29日，日航公司开通中日定期航线的庆典

1982年8月19日，我执飞了从成田机场至北京的航班，当时在北京停留，21日从北京至大阪，再由大阪返回到东京成田机场。那是我第一次在北京住了两晚，当时所入住的饭店只有外国客人。后来，随着两国定期航班的不断增加，现已发展成为每天都有航班往返于两国间。

因为不太了解中国，最初我对中国人的印象，感觉有些不太好亲近。可是去了多次后，感到友好的中国人特别多。由于语言不通，甚至在就餐时连菜单也看不太懂，但中国人的善意，我却能够发自内心感受到。慢慢地，我和更多的中国人进行了交流。

我作为飞行员最后一次飞中国是2005年。2007年，我作为日航集团分公司的副总裁兼机长曾在大连接受过新型飞机模拟机的培训，当地经济发展之快，给我留下了深刻的印象。

为顾客创造价值才能获得认可

《日本新华侨报》：在日本还有同日航同等规模的大型航空公司，竞争非常激烈。日本航空公司如何应对竞争，对全球化战略有怎样的考虑？

植木义晴：确实是这样。如欧洲地区的国家往往是一个国家只有1家大型国际航空公司。但不见得一个国家因只有1家大型航空公司，那这个公司就一定强。从乘客的角度来看，不断互相竞争才能提高品质与服务，只要给乘客带来更多的方便性就好。同时，现在的国际航线已成为航空联盟之间的竞争对象。我们不能局限于在国内的竞争，还要放眼全球展开竞争，只有这样才能大力提升各自的品质。

此外，航空公司的国际战略，必须要适合世界航空市场的各种变化。日航事业发展最快的地方主要是亚太地区。但是，在亚太航线上的乘客里，还有很多要飞往美洲、欧洲、非洲等地的乘客，所以，各方面的服务工作如果不努力做好的话，迟早要在全球竞争中败下阵来。乘客会选择最优质的航空公司，所以我们必须时刻抱有强烈的危机感，必须要全方位成长。

《日本新华侨报》：日本航空公司获得了全球最大旅行口碑网"到到网"(Trip Advisor)的"旅行者喜爱"领域第一名。日本航空公司在世界航空界的定位及强项是什么？

植木义晴：我们曾经有过一段失败的经历。那时候，大家一边反省过去一边探讨：应该重建一个怎样的航空公司。我们首先做的事就是制定了《2012年-2016年中期经营计划》。

植木义晴的题字

这是公司破产后首次由自己制定的中期经营计划。那时，正好出现了LCC(廉价航空公司)，员工也曾考虑过今后将会何去何从。我们作为向乘客提供全方位服务体系的公司，要给乘客提供最好的商品和服务。我们明确地制定了方针：要在一定价值观判断基础上获得同等价值的回报。现在我们已得到了乘客的价值认可。

以前，没有LCC的时候，各个阶层的乘客会乘坐不同等级的舱位。现在，因价格便宜选择廉价航空公司的乘客不断增加。而选择日航的往往是想体验具有价值的优质服务、能享受美好旅途的乘客。我们的目标是"在众多的选择中能成为被高端顾客所选择的航空公司"。

以前，由于没有充足的投资，导致机内布局，餐食、服务质量出现不到位的现象。之后，我们大力改进，开始启动"KYSUITE777"项目，为乘客打造了舒适的空间。2013年1月，我们开始在商务舱内提供新款平躺式座椅服务，与之前的一般座椅相比更加宽敞、更加舒适。

其结果在一架飞机里，我们所设置的座椅数量比以前减少了15%，而乘客支付的费用和以前相比没有太大变化。利用85%的座位，如何提高收益。此举措承蒙乘客的赞同，在乘座率上升的同时收入也增加了。我们很明确地向乘客、员工们展示，日航是以这样的方式谋求了公司的发展。

也就是说，日航作为一家世界知名的航空公司所追求的是"能为乘客奉献什么样的价值"，我认为要抓住乘客的心所依靠的是"人的力量"。我们所有员工都在反省过去，从乘客立场出发进行"意识改革"这一点至关重要。

企业经营者要敢于决断

《日本新华侨报》：你是日本第一位飞行员出身的航空公司总裁。飞行员的一些经验运用到经营上了吗？"经营之神"稻盛和夫是公司的名誉会长，你从他那里学到了什么？

植木义晴：我最初所就职的公司就是日本航空公司，从事了35年的飞行工作，而走上经营这条路才4年半的时间。作为总裁，我必须要做出各种各样的经营判断。

以前在做飞行员时没想到自己能担任总裁的工作。当时就想做飞行员一直到退休。可是现在做了总裁以后发现，那时所抱有的想成为"世界第一机长"的梦想，不懈努力工作的经验，也能全部运用到现在的工作中。

当机长与当总裁有很多共同点。比如说机长。从飞机关上门的那一刻起，到再打开舱门乘客下飞机的这一段时间，机长要决定所有重要事情，要把乘客安全送到目的地。如果不能做到这一点，就无法成为一名合格的机长。

做总裁也是一样，在做决断之前需要听取很多人的意见，但到最后，做决定的还是总裁。因此，总裁要有勇气做出决策，必须要承担所有责任。机长肩负着飞机上几百名乘客的生命重任，总裁要承担集团32,000名员工的生活。在这一点上，我认为机长与总裁很相似。

稻盛和夫先生曾在日航担任过3年董事长的职位，现在是日航名誉董事长。在过去的3年里，我从稻盛先生身上学到了很多重要的东西。但是，我认为，也不用像很多人一样，把稻盛先生称之为"神"。他是一个拥有理想，并将自己的信念贯彻五十多年的伟大之人。他给人的是一种存在感，正因为是人间稻盛，所以这才是价值所在。我从稻盛先生身上学到的最重要东西是坚持自己信念的勇气。

《日本新华侨报》：你的父亲是日本著名演艺家片冈千惠藏先生。在人生观方面，你从你父亲那里受到了什么样的影响？

植木义晴：大家可能在电视或者电影里看到过我父亲，他是一个话语不多也很笨拙的人。我有时候会想："为什么那样的人能够成为电影明星呢？"在我的记忆里，父亲很少用语言来教育我，他是那种"看背影而有感知"的男人。

我有几件印象很深的回忆。结婚后，有一个亲戚拜托我一件事，结果我去找父亲帮忙。我说："有一个人想找我帮忙，您能不能帮帮我？"父亲解决好这件事后训斥我说："自己不能办到的事，就不要轻易去答应！做男人只能承诺自己能办到的事，而不是依靠父亲！"

父亲对弟子一向非常严格，也颇受弟子们尊敬。不管多么了不起的人来，他都不会去迎接。但有一次过年，父亲的一个弟子带着他的夫人和孩子来拜年。父亲一定要亲自去门口迎接对方。那个时候，我不懂父亲怎么想的，于是就问为什么。父亲回答："虽然来客是我的弟子，但是他的夫人、孩子不是。这个弟子能有今天是托了妻儿的福。所以，对他的妻儿，我一定要尽其礼仪！"父亲就是通过这种身教，让我明白了很多道理，受益终身。

05 我要成为日中之间的一座"大桥"
访日本全日空航空公司会长大桥洋治

"我叫大桥，就是要成为一衣带水的日中两国之间的一座大桥。"2012年2月1日下午，日本全日空航空公司72岁的大桥洋治会长充满激情地这样说。

1940年，大桥洋治出生在中国东北。20世纪60年代，大桥洋治在日本庆应大学读书时，毕业论文的题目就是"日中贸易论"。进入全日空以后，大桥洋治追随被称为日中友好关系掘井人的冈崎嘉平太先生，为全日空与中国各地的通航，做出了贡献。2月1日下午，刚刚从国外归来的大桥洋治，接受了《日本新华侨报》的专访。

中国也是我的故乡

《日本新华侨报》：据我了解，您是在中国东北出生的，幼年和少年时代也是在中国度过的。您的大学毕业论文题目是《日中贸易论》。此后，您作为企业家走上了成功之路，并成为中国大连和佳木斯的荣誉市民。对您的人生而言，中国意味着什么？

大桥洋治：对，我是1940年在中国东北佳木斯出生的。在佳木斯居住了五年。返回日本的途中，在哈尔滨也生活了一年。后来，我和母亲从葫芦岛返回日本。对我来说，中国，首先意味着是我出生的故乡。一个人对故乡的眷恋感，恐怕是难以用语言形容的。

上大学时，我把日中贸易作为自己的研究课题。这是因为当年我父亲在中国的时候，从事的工作就是日中贸易。不过，那个时候选择这样题目的学生，可以说是凤毛麟角，而日本国内也几乎没有这方面的资料。但是，我坚信日中两国未来一定会有大规模贸易的。在许多前辈、老师的帮助下，我完成了这篇论文。

1964年，我进入全日空。当时的全日空还是个"破破烂烂"的公司，一年的收入连100亿日元都不到。当时，日航公司是国有企业，拥有很大的优势。而20世纪70年代，中日恢复了邦交，后来又缔结了和平友好条约，在这种大背景下，全日空为促进日中关系的发展做了许多事情。

到现在，我都还记得，1972年8月，全日空作为日本战后第一次前往中国的飞机，承包了日本羽田至中国上海的上海歌舞团包机航班。1972年9月，日本首相田中角荣访华时的随行记者团也是乘坐的全日空包机。那个时候，中日之间的许多包机航班，都是由全日空来完成的。因此，对于我来说，中国，还意味着全日空的发展。

把亚洲市场放在第一位

《日本新华侨报》：1987年4月，全日空开通中日定期航线，到今年已经整整25周年了。在您任社长期间，全日空提出了"亚洲第一"的经营目标。去年6月19日，全日空又开通了日本成田机场至中国成都的第一条飞往中国内陆的航线。您当时对开通中日间的定期航线是怎么想的？另外，您对全日空今后的发展有什么具体打算？

日本全日空航空公司会长大桥洋治

大桥洋治：我刚才讲了，1986年以前，由于受日本国内航空法的制约，全日空的飞机是通过包机的形式飞往中国的。到了1986年，全日空认为必须开通国际航线。当然，中国市场是必不可少的。所以，1987年全日空开通了从日本飞往北京和大连的国际定期航班。那时，日航拒绝开通飞往中国的地方航线。因为赚不到钱嘛。现在回想起来，这是一个非常正确的举措，促进了全日空的发展。当时，全日空还开辟了飞往北美和欧洲的国际航班，但开往亚洲国家的航班是首先盈利的。

对于全日空来说，以中国、亚洲市场为中心的战略是十分重要的。当初，我们选择了"宁肯赔，也要做"的方针。今天，我们仍然着眼于未来。全日空公司开通日本成田机场至中国成都的第一条中国内陆航线，就是希望能够帮助中国内陆地区的经济发展，促进中西部地区与日本的经贸往来。

在不久的将来，全日空还希望能够开通日本前往中国武汉、西安的国际航班，我本人也曾到武汉做过考察。如果有可能，我们还希望将来能够开通日本前往中国哈尔滨的国际航班。

感谢中国游客到来

《日本新华侨报》：去年，日本发生了"3·11大地震"。其后，由于各方面的影响，到日本观光的中国等亚洲国家游客大量减少。针对这种情况，全日空的方针有没有什么变化，今后会采取哪些对策？

大桥洋治：日本发生"3·11大地震"后，中国来日本观光的游客数量下降了很多，以至于我们不得不减少了航班。与此同时，前往中国的日本游客也减少了许多。对于我们来说，那确实是一段非常艰难的时期。

让我感动的是，2008年中国四川发生汶川大地震时，日本向汶川伸出了援助之手。在日本遭受"3·11大地震"之后，也得到了来自中国四川省人民的支持和帮助。特别是6月日本成田机场到中国成都机场的航线开通以后，许多四川人通过这条航线到日本来旅游，以此支持日本的震后复兴，真的让人感动。对此。我表示十分感谢。

大桥洋治在接受采访

最近，来日本的中国游客数量逐渐恢复。中国游客重新到日本旅游，这对日本、对全日空来说都是十分有益的。今后，我希望更多的中国游客乘坐全日空的航班，再次来日本旅游。

人与人之间的交流，对促进两国感情的加深是非常有作用的。我们通过不断开通新航线，促进日中两国国民交流与货物运输增加，同时带动经济发展。在这方面我们还必须继续努力，将这些事情做得更好。

采访后记：采访结束的时候，大桥洋治先生叮嘱说：我们要对年轻人寄予更多的希望。今年是日中邦交正常化40周年，会有许许多多的纪念活动，我作为日方的实行委员会的副委员长，衷心希望更多的日中两国的青年能够参与进来。未来日中两国的友好，要靠青年一代。

06 希望中国市场销售份额能超过日本
记日本优衣库掌门人柳井正

日本优衣库掌门人柳井正

在日本这样一个以汽车、电器、动漫著称的国度，全国首富，却是一个卖衣服的。他的名字叫柳井正。

马云曾说过，自己最崇拜的企业家有两个：一个是卖咖啡能把自己卖成星巴克的霍华德·舒尔茨，一个是卖衣服能把自己卖成日本首富的柳井正。

关于柳井正发家致富的经历，坊间一直存在不同版本，有人还单纯地把他归类为"富二代"。但事实上，这是一个"草食男"逆袭的故事。

做买卖是个不来钱的活儿

据柳井正自己说，他其实是个标准的"草食男"。家里上有姐姐，下有妹妹，就他一个男孩，所以被保护得很好，不具备男子汉该有的承担。

又因为从小就在山口县的一个小商店街里居住，家里是专卖男士服装的，所以即便对经商不感兴趣，柳井正也耳濡目染地了解了一些做买卖的诀窍。这给当时还在读中学的柳井正留下的印象就是：做买卖是个不来钱的活儿。

柳井正反感做买卖的另一个理由，是认为商人们都很拜金，衡量价值观的标准就是钱。他父亲也跟他强调过，"没有钱就跟没有头一样"。

靠父亲走后门才有了工作

大学时代的柳井正依旧走"草食男"路线。用他自己的话说，就是个典型的没有朝气的大学生，经常去麻将房和弹子房，不仅没有什么理想，还琢磨过怎么样才能不劳而获地一辈子不用工作。

一般日本大学生从大三开始，就会四处投简历、找工作，但大四那年的柳井正，却依旧不务正业。他的父亲实在看不下去了，找他谈话，问他大学后想干什么。柳井正回答："什么都没想过。"他父亲只好通过自己的人脉关系，把柳井正弄进了JUSCO就业。

可那时的柳井正，却是个"扶不起的阿斗"，虽然通过走后门，有了一份稳定的工作，但他没有社会人的自觉，厌倦工作，只坚持了半年就炒公司鱿鱼了。"公司是个好公司，同事也都是些好同事，就是我自己不愿意干了。"

刚辞职的柳井正没有直接打道回府，而是"投靠"了一个在东京工作的大学同学，在同学家里蹭吃蹭住地过了半年，才回到老家——山口县宇部市。

忙到没有考虑梦想的时间

人在屋檐下，不得不低头。之前还死活不肯做买卖的柳井正，到底是得帮助父亲打理家里的男士服装店了。

在打理服装店的过程中，柳井正逐渐认识到了一些问题。"在父亲店里工作的人效率低、借口多，和JUSCO里的同事的工作态度完全不同，我一气之下就把店里的七个店员都开除了，只留下一个人。现在想想，那会儿实在是太年轻、太冲动了。"

因为这七名店员的突然离去，店里的工作一下子就没人干了，倔强的柳井正只好自己又卖衣服又进货又算账的。而宽容的父亲没有责怪他，反倒是将公司的印章等都交由他保管，让他放手去做。

于是，这个20多岁的毛头小子，成了父亲公司里的全权负责人。在把人撵走，不得不自己干的情况下，柳井正真正意识到了做生意的实质和乐趣。"就好像每天都能拿到成绩单一样，自己的努力全部如实地反应到结果上。也就是从这个时候开始，我才真正把做生意当成了自己的工作。"

一个连一天班都不想上的"草食男"，被迫变成了一个励精图治的生意人。"除了吃饭的时间外，我都在工作。由于是个地方小城市，不容易雇佣到合适的人选，所以很长时间什么工作都得我自己亲力亲为。"

柳井正的日本首富梦、服装帝国梦，是从这个时候开始的吗？其实不是。柳井正说："我哪有做梦的工夫啊。天天一堆事情等着我，满脑子就想着月末够不够交钱的，怎么样才能不让我父亲一手创建的公司倒闭等，哪还有什么工夫考虑梦想啊。"

当优衣库的营业额达到了30亿日元的时候，柳井正这才有工夫考虑要将事业全国化，做个真正的经营者。"经营者和店主是不一样的，经营者要能客观地判断自己的公司，要能积极地采取行动，而且要看重原理和原则，要能服众。但经营这件事，其实真是件非常单调的事情。"

大部分时间都是在失败

柳井正说："经营的原理和原则，一定要自己实际经营后才会知道。我认为，作为经营者，信赖最为关键。"

有了信赖就能一马平川吗？是信赖支撑着他做到日本首富吗？其实，成功的道路没那么简单。

"在商业世界，不能心存侥幸。首先，来买东西的客人是用真金白银来跟商品做交换，所以挑选商品的视线是非常严厉的；其次，在店铺里工作的员工，他们是用自己宝贵的时间来换取工资的，所以审视公司的视线也是非常严厉的。在这样一种情况下，经营者必须采取一种让顾客和员工同时认可、同时信服的经营方式。谁都不会一开始就顺风顺水的，都是在多次的失败后总结出来的经验。作为经营者，要懂得在自己身上找失败的原因。有了这样的心态，才能让自己成长。"

柳井正也不是长胜将军。"我是一胜九败，几乎大部分时间都是在失败。一旦开始新的尝试，成功的概率接近于零。所以我要考虑的，不是如何确保自己不失败，而是如何确保即便自己失败也不让公司垮台。公司万一垮台，就会给员工和合作伙伴带来不可弥补的损失。确保不让公司垮台，就是一种信赖。"

如何赢得他人信赖，也是很重要的。柳井正的做法是，言出必行！"一定要言出必行，不能朝令夕改，不断改变意见，这样的人谁都不会信赖。再就是要严守时间。在我们公司，从来都是提前5分钟开会。比如说3点开会，大家2点55分都会到齐。因为大家都知道，我最讨厌开会迟到的人。"

做领导关键要会分配工作

在日本网络上，优衣库可是榜上有名的"黑心企业"。对于这样的评价，柳井正本人是怎么想的呢？

"我们是从开始实行全球化战略后，才被叫作'黑心企业'的。在实行全球化战略后，我们打破了旧式的录取制度，不再论资排辈，不再将新入社的员工和跳槽来的员工区别对待。只要你有能力，我们就给机会。其实，除日本之外的国家，都在使用这种录取方式。在将录取方式和培训方针跟国际化接轨后，也产生了一些不良影响。比如那些常年在优衣库工作的老员工，对于我搞国际化，会适应不了。在这方面，的确是我考虑的不够。"

优衣库会被说成"黑心企业"，主要原因是新员工的辞职率较高。在优衣库的母公司迅销公司里，有5成左右的应届毕业生工作不到3年就辞职了。

对此，柳井正自己也承认，辞职率在2到3成左右较为一般，达到5成就有些高了。对于新员工辞职率过高的原因，柳井正是这样分析的："对于新员工，我们是按照半年到一年时间就能成为店长来培训的。但有些新员工过了一两年还没能做到店长，自己就会感到失望，进而辞职；也有一部分是拿到做店长的资格了，但由于能力有限以及经验不足，在实际工作中遭受挫折，承受不住精神压力而辞职的。"

那么在优衣库工作的年轻人，要具备什么能力才能胜任店长呢？柳井正说："对于店长，我经常强调的是，要懂得如何分配工作。没能力的店长，是一个人拼命干，想通过自己的努力去营造出一个理想的店铺。而有能力的店长，会和员工们一起工作，在充分考虑员工的实际情况的基础上，尽可能按照他们的意愿去分配工作。这个诀窍不仅适用于优衣库的店长，也适用于所有处在领导地位的人。"

年轻人要对自己多些期待

现在，无论中国还是日本，都存在很多自嘲为"宅男""屌丝""草根"等的年轻人。作为一名曾经没有志向消极度日的"草食男"，柳井正对于眼下的年轻人有什么具体的建议和意见呢？有没有逆袭成功的秘诀可以分享？

柳井正说："我年轻时就因为心直口快而得罪人，现在其实也是一样。我没有要对年轻人说教的意思，我就是希望年轻人能够有希望，能够自己创造希望。我年轻时也做过无业青年，通过走后门找到的工作，还没干多久就辞职了，对于将来也没有任何打算，是典型的扶不上墙。像这样的人，是没有资格说教别人的。但我通过在工作中的钻研积累，成为了一个能独当一面的人。培养我的，就是工作和社会。"

尽管柳井正年轻时也琢磨过怎么样才能不劳而获，但对现在年轻人较为奉行的"慢活""不吃力的活"，还是有诸多看法的。柳井正说："活着，就意味着努力。工作又累又苦，那才是正常的。想舒舒服服地活，快快乐乐地工作的人，是没有看到现实的人。要想做好工作，就请拼命努力吧。现在的年轻人表现得都不大自信，这也有可能是出于谦虚。但我认为，年轻人可以对自己多一些期待，充满自信地阔步前行。"

全球性发展离不开中国市场

在2012年的反日游行中，作为日本著名品牌的优衣库也受到了很大影响，但这似乎没能让优衣库在中国停下脚步。是什么原因令柳井正对中国市场如此有信心呢？今后，优衣库在中国有什么发展计划？

柳井正表示，优衣库中国工厂的负责人都非常优秀，优衣库的很多商品也都是在中国制造的，这对中国纺织产业的发展做出了一定贡献。相信中国人能够认识到，优衣库是一个和中国一起成长壮大的企业。

柳井正还说："日本企业到外国发展，不能只抱着要提高自己效益的想法，还要想着应如何为当地做贡献，同时也要注意自我宣传。要让大家都知道，这是一个可以对中国发展做贡献、对世界发展做贡献的企业。如果不能让大家认识到这一点，就很难顺利发展。

"中国有13亿人口，在改革开放政策下，市场正逐渐趋于成熟化，脱离中国市场，就谈不上全球性发展，中国市场现在是全世界最值得期待的市场。我希望在未来10年，中国市场销售份额能超过日本市场，达到1万亿日元。"

07 外企要有取之中国用之中国的精神
访株式会社Cross Company社长石川康晴

2012年9月，日本民主党野田佳彦政权用"购买"钓鱼岛的形式对其实现了所谓的"国有化"。一石激起千层浪。中国各地爆发了声势浩大的反日游行，许多在华日企也因此遭到损失。许多日籍老板和员工纷纷撤离，还有一些企业考虑外迁。就在此时，一位年轻的日本企业家——株式会社Cross Company社长石川康晴，闻讯从日本赶到中国，告诉在那里的日本员工："你们可以先回到日本躲避一下风头，我留下来看守。这种风波是暂时的，我们不能因此失去对中国的信任，对日中关系一定要能够长远看、看大局……"令人难以置信的是，就在2012年激荡的9月，石川康晴果断地在中国又推出了7家新的服装销售店。

近日，记者走访了这位日本服装行业风头正劲的新领头人——石川康晴。

株式会社Cross Company社长石川康晴

中国中等阶层的购买力会越来越强

《日本新华侨报》：不到20年的时间，贵公司就在日本国内开设了500多家店铺，您本人也被日本媒体誉为服装行业的新领头人。我想了解一下，您后来为什么选择进军中国市场呢？

石川康晴：眼下，日本的服装销售市场正在不断萎缩。造成市场萎缩的原因主要有两方面：一方面是日本少子化问题的加剧；另一方面是日本百货行业利润下滑严重。因此，在日本国内做服装销售，很有点"僧多粥少"的感觉。

反过来看中国，中国国内生产总值的增长率达到8%，市场还在进一步扩大。一些日本服装企业看中了中国的富裕阶层，把他们锁定为客户，我们自认为中国的中等阶层可以形成一个广阔的市场，应该把他们确定为企业的客户。这样，我们决定进军中国市场。

我注意到，中国新的领导人习近平主席提出，到2020年要让国民收入翻两番。因此，在未来的十年，中国中等阶层的收入还会上升，他们的购买力也会越来越强。中国市场的魅力是无限的。

要在中国七年内开到六百家店

《日本新华侨报》：2012年9月，中国发生了大规模的反日游行和抵制日货行动，此后有不少日本企业都决定不再把事业重心集中放在中国。您的公司却"逆风而上"，在中国的北京、上海、武汉等地不断有新店开张。您没有什么担心吗？对中国的未来发展如何展望的？

石川康晴： 2012年9月，的确是很严峻的一个月。由于政治原因，无论是中国市场还是日本市场都变得比较混乱。但也就是在同一月内，我们又在成都、北京、武汉、重庆、苏州相继开了7家新店。

据我了解，当时有很多日本实业家都选择回到日本，而且日本国内也都呼吁他们回来，担心他们在反日游行中受伤害。当时，我特地从日本赶到中国。我认为越是这样的时期，越要用自己的眼睛去观察、用自己的头脑去分析，这样才能把握真实的市场行情。日本媒体在报道中国消息的时候，往往夸大中国不好的一面。中国媒体在报道日本消息的时候，也难免会有这样的倾向。因此我就更注重用自己的眼睛观察，而不是受媒体舆论左右。

2012年9月中下旬，我们在中国内地抽选了二十多名常客进行调查。他们的年龄都在25岁到29岁之间。我问大家，"你们今后还会不会购买日本产品呢？"她们纷纷表示，"我们没办法排斥机器猫，也没办法排斥寿司，当然也不会排斥日本的时装。"我接着问，"那么你们的父母也和你们一样吗？"她们告诉我，"不一样。我们的父母今后可能再也不买日本产的车和电器。"

通过调查我了解到，我们在中国的主要顾客群，也就是20多岁到30多岁的年轻消费者们，是不会因政治原因而抵制日本时装的。这也成为我们今后发展战略的基础依据。做完调查，我又进行数字上的确认。9月新开张的北京店在16号那天，就达到了月预计销售额，新开张的上海店更是在9月末就达到了年预计销售额。

2012年11月，也就是中国爆发反日游行的两个月后，我们又在南京开了一家新店。众所周知，对于日本人来说，南京是比较特殊的地方。所以当时有不少人建议我们最好不要在那里开店。但是呢，我们通过主打品牌——earth music&ecology的官方微博获悉，南京有很多我们的粉丝，她们都在留言中表示期待新店开业。而且淘宝网的顾客统计也显示，我们有很多顾客都居住在南京。为此，我决定，一定要按原计划在南京开新店。最令我感到欣慰的是，南京店刚一开业，销售额就超过了北京店。

现在，我一个月里大概有三分之一的时间在中国，二分之一的时间在东京，剩下的时间是在公司总部所在地冈山县。如果按周计算的话，就是一周有三天在东京，有两天去上海，有一天在冈山。

我要在2020年，在中国开到600家店，由此可见，我对中国的信心。

困难时期留在中国保护员工

《日本新华侨报》：有不少日本企业家反映，中国和日本在销售战略和宣传模式方面存在一定的文化差异。您是如何看待这种文化差异的？贵公司进军中国市场成功的秘诀在哪里？

石川康晴：日中两国在企业文化方面的确存在着很大的差异。比如说宣传方面，在日本，服装行业一般都是通过电视广告和服装杂志进行宣传的。而在中国，通过微博、优酷、微信等社会化平台来做宣传，显然要比电视和杂志更见成效。

提到成功秘诀，我想说一下2011年9月的事情。在反日游行最为激烈的9月1日到9月30日期间，我们的中国员工里，没有一个人提出辞职的。我听说，有不少员工父母都劝说子女辞职，但最终还是被子女说服了。还有一名中国员工亲口对我说，她坚持不辞职的原因，就是因为我9月里有22天都留在了中国。

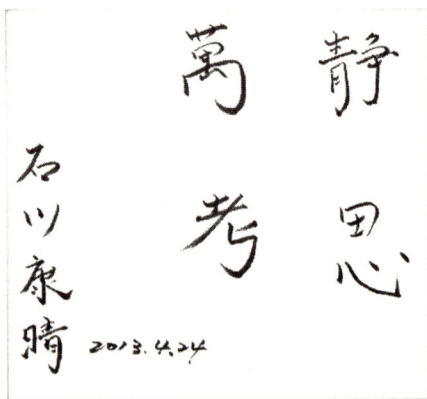

静思
万考
石川康晴 2013.4.24

石川康晴的题字

尽管有很多日企的老总和高层人士都回到了日本，但是我选择和他们一起共度难关，这就坚定了她要在这个公司努力下去的决心。

事实上，在日本国内，我们每月定期要开一次战略会议，规定所有的管理层人士都要出席，共同决定一些非常重要的事情。但我宁肯不主持这个会议，也要在那个9月留在中国。我想到的是，公司是日系公司，所以在反日游行中，公司的中国员工很可能会受到伤害。像这样的时候，我必须留在那里照顾他们。

社会公益事业没有国界

《日本新华侨报》： 日本企业的特点之一是讲究"地域贡献"，也就是给企业所在地的地域做出贡献。您的公司在进军中国后，做过什么公益事业吗？

石川康晴： 有的。大约是从三年前开始，我们就在中国的内蒙古自治区科尔沁左翼后旗一带的沙地上进行义务植树活动。现在已经完成了40万平方米的绿化，面积相当于8.5个东京巨蛋体育馆那么大。而且我们还雇佣当地的村民，让他们每天持续地植树。为了保护树苗茁壮成长，我们还在周边设置了保护网，防止被放牧的牛羊误食了树苗。我认为，像我们这样进驻中国市场的外国人、外国企业，是有义务为中国做贡献的，要有"取之中国，用之中国"的精神。光想着在中国赚钱，却不为中国解决问题，那是绝对不可以的。除非我公司有一天全部撤出中国，不然我们就会一直坚持义务植树造林，直到科尔沁沙地全部变为绿洲，中国不再有沙尘暴困扰。

事实上，在去年反日游行最为激烈的9月18日那天，我正带着约40名日本员工和日本大学生前往内蒙古自治区植树。我们乘坐的大巴刚好经过反日游行队伍的旁边。由于时期特殊，在出发前，公司给这40名员工和大学生家长都寄去一份信函，让他们自己决定要不要同意孩子到中国参加义务植树活动。结果是没有一个家长反对的。我们都要有这样一个共识——社会公益事业没有国界。

在2011年的"3·11大地震"发生后，中国对福岛灾区的援助令我们刻骨铭心。在中国遇到灾害的时候，我们理应尽力支援。2012年9月的云南彝良地震发生后，我公司也迅速捐献了10万元用以赈灾。尽管是杯水车薪，但里面有着我们对中国的真情实意。像这样的公益事业，今后我们还会一直继续下去。

中国市场就是服装的奥林匹克

《日本新华侨报》：截至目前，您应该去过很多次中国了。在中国印象最深的事情是什么？如何看待今后中日关系的走向？

石川康晴：去中国，算来也有一百次以上了。而且我从两年前就在上海租下住宅。如今，我在中国的朋友比在日本的朋友还多呢。

印象最深的事情，就是中国每天都在举办着"服装奥运"。为什么这么说呢？在日本，我们只要和日本国内的服装品牌抢地盘就可以了。但是在中国，我们要和全世界的服装品牌分蛋糕。中国有一些内地品牌的宣传战略做的非常棒，还有一些新加坡和韩国的品牌势头也很强劲，甚至还有一些欧美的品牌也进驻中国市场参与竞争。如果说日本市场是服装的日本大会，那么中国市场就是服装的奥林匹克。

像韩国、新加坡这样的小国里的经营者，他们很早就懂得，如果不开拓海外市场是发展不下去的。但是在为数不少的日本六七十岁的经营者看来，日本有一亿三千万人口，GDP也排名全世界第三，即便不走出这个国家也可以干出一番事业。但像我这一代，也就是四十多岁的经营者看来，我们必须要做六七十岁的经营者们没有做到的事情，要把事业拓展到整个亚洲，把亚洲全体都看作是一个国家。

尽管去年发生了岛屿纷争，最近又出现了靖国神社问题。但我认为，日中两国是相互依存关系。在医疗保健、食品安全、基础建设方面，日本要比中国领先一步。但在市场份额方面，日本是不断萎缩，中国是愈发强盛。总而言之，我认为日中关系必然会好转，因为日中两国需要相互依存，共谋发展。

08 让时尚文化为日中民间交流推波助澜

访株式会社TuTuanna社长上田利昭

"卡哇伊"文化
又称"可爱"文化，自
20世纪70年代以来已经
成为日本文化的重要
元素，随处可见。从大
企业到街角的菜市场、
从国家级政府机关到公
共厕所，日本大大小

株式会社TuTuanna社长上田利昭

小的场所都运用可爱的吉祥物与标志"卖萌"，来销售商品、为客户提供
服务。

3月19日，《人民日报海外版日本月刊》《日本新华侨报》记者联袂采
访了向世界传播"卡哇伊文化"的日本"时尚教父"、株式会社 TuTuanna
公司社长上田利昭，倾听他对在中国传播"卡哇伊"文化的见解以及公司
的经营理念。

让时尚贴近中国实际情况

《日本新华侨报》：俗话说入乡随俗。中国和日本的文化有所差异，TuTuanna公司在中国是如何传播企业文化、提供商品、为员工创造安心工作环境的？

上田利昭：2009年，我们在中国上海开了第一家店铺，到现在正好4年时间。我们的品牌，能够在过去4年间获得中国朋友们的支持与认可，我感到非常高兴与感谢。

当时，我们对中国以外的市场也做了各种调查。最后，我们认为中国是一个有巨大潜力的市场，因此决定在中国发展。有很多中国朋友来日本旅游时，会到我们的店里买东西，带回去送给自己的朋友。通过实际使用，大家都对我们的产品有了一定好评。这为我们进军中国市场做了很好的铺垫。由于有这些潜在的需求，所以我们在上海的第一家店铺开业后，马上取得了超出预期的好业绩。

为了让中国的顾客感到满意，我们做了很多努力，进行了一系列符合当地实际情况的商品设计。比如中国女性和日本女性的体型不同，对产品设计的喜好也有所不同，所以需要开发新的符合中国国情的商品。

中国女性在挑选贴身衣物时首选纯棉质地。我们还发现，中国顾客尤其喜欢十二生肖等动物图案，因此我们设计出了TuTuanna特色的动物图案系列的商品。

另外，中国西北地区的气候非常寒冷。为此，我们根据当地情况，特意设计了带有里毛的厚质地连裤袜和紧身裤，受到了广大顾客的欢迎，成为最具人气的商品之一。设计赢得了好评，好评带来了业绩。该项产品的销售额在去年12月占袜子总销售额的16%。让时尚贴近中国的实际情况，就是贴近顾客的内心。

我们公司的一个经营理念，是评价要公开、公平、公正。这个没有国籍观念。为创造良好的工作环境，从2013年秋季起，中国公司的各个部门的经理，都交由中国当地员工来担任，让他们直接参与经营。这样一来，大大提高了中国员工对工作的热情。今后，我们将在明确责任与义务的同时，根据当地情况更加细致的给予对应。

现在，我们在中国的店铺越来越多，发展规模越来越大，所以在人事管理方面，也要让员工感受到工作的安心与乐趣，让他们能在工作中收获到可以看得到的成就感。

《日本新华侨报》：在员工教育方面，你觉得中国员工和日本员工的教育方法有什么不同的地方？

上田利昭：我觉得交流至关重要。每一年我们都会在中国举办新年会，全国的店长齐聚一堂，一起聚餐交流。另外，春季或者秋季的时候，我们还会举办展示会。对于员工的教育，我们安排了专门指导员，对当地发现的问题进行指导。在这一方面，我们投入了很多人力、物力，下了不少工夫。

中国是世界最大最好的市场

《日本新华侨报》：TuTuanna公司为什么将中国作为最重要的海外市场？中国国土辽阔，产品在流通上是否会出现一些困难，今后对于中国市场有什么战略？

上田利昭：我们一直打算进军海外。谈到地域，我们一直在考虑中国、韩国等国家，同时也进行了一些调查。公司的目标不仅是试探性的经营，而是在考虑如何取得成功。我们发现，日本的时尚商品在中国越来越受欢迎。从现在来看，时机也非常好，于是就选择进军中国市场。我们最先选择的城市是上海，现在看来这个选择是正确的。

现在，我们选择的客户群体是"中档收入者"，是一些想成为更时尚的女孩。我们的产品不仅在大城市，在二三线城市也销售得很好。为了提高在中国的知名度，我们积极利用一些社交平台，比如微博、微信等，让更多顾客知道我们的品牌、我们的产品。

截至2013年7月，我们已经在中国开设了42家店铺。我们计划在2015年12月前开设120家店，然后在2019年开到240家店，销售额争取能达到46亿元人民币。从我们的销售成绩来看，中国是世界最大、最好的市场。

《日本新华侨报》：你对中国和中国人的印象怎么样？

上田利昭：我觉得中国人都非常聪明和自信，而且很多人明确表达自己的态度和理由。比如说"这个商品哪个部分好""这个商品比那个商品哪部分不好"等。而且，中国人的挑战精神也很强。

日本和中国在文化、饮食、思维方式上都有一些差异。怎么去接受对方？我觉得，彼此敞开心来交流最重要。20多年来，我一直在中国各地开展业务，去过乌鲁木齐、昆明、沈阳等多个城市。我们中国最北的店在哈尔滨，最西的店在成都，各地店铺都能共同发展，彼此交心、彼此对话最重要。

通过时尚来促进中日的民间友好

《日本新华侨报》：现在日中关系不是很好，你觉得通过"时尚"来推进中日两国民间交往有可能吗？

上田利昭：我认为是有可能的。如果能通过"时尚"，为日中两国民间交流做出一些贡献，我们也感到非常有意义。虽然现在日中两国关系有些冷淡，但是公司的顾客群体定位在10、20、30岁之间，所以没有怎么受到影响。我觉得，日中之间的交流虽然由于某些原因受到一些阻碍，但那是暂时的问题，从长期来看，还是会向着良好的方向发展。

《日本新华侨报》：TuTuanna公司在中国植树造林，在东南亚国家建立希望小学，为何积极参与海外各种社会活动？

上田利昭：为促进社会、文化、经济繁荣做贡献，是作为公司的一个大的方针理念。我们希望通过提供时尚商品，为推进两国民间交流做贡献。

另外，我们把公司利润的百分之一作为对社会的贡献，捐给需要帮助的人。我们社会贡献的内容一是青少年培养；二是贫困救济；第三个是自然环境保护。我们在山西省大同市的荒地上植树，为改善黄土高原的干燥环境在不断努力。中国是我们获益颇多的国家，所以很想对中国做出一些贡献。

向世界传播"卡哇伊"文化

《日本新华侨报》：TuTuanna公司主要以经营女性袜子，以及贴身衣物为主，在日本各地都有店铺。公司的名字"TuTuanna"很有特色，它的由来是什么？是如何向世界各地传播"卡哇伊"文化的。

上田利昭：我们公司成立于1973年，最初是以批发袜子为主。1979年成立股份公司，改名为"TuTuanna"。现在主要是零售以及批发女性袜子、内衣、睡衣、生活杂货等。到目前为止，在日本国内有216家店铺，在中国有76家店铺，合计近300家，和600多家批发公司都有合作关系。

创业伊始，我们就致力于如何让女性更为"卡哇伊"，我们的创业精神就是让女性从脚下开始"卡哇伊"，可爱一身、可爱一生。

"tutu"这个词，在法语里是芭蕾舞裙的意思；"anna"是欧美国家较为多见的女孩子的名字，所以公司取名"TuTuanna"。公司成立之初，这个名字很绕口，在给其他公司打电话的时候，总是要说上两遍对方才能听懂。但是现在，这个名字在日本，已经有了非常高的认知度。

《日本新华侨报》：日本制造业是"二战"后复兴及成长的支柱。可是因世代交接以及产业传承等问题，日本中小企业出现了减少趋势。你觉得企业发展不可缺少的东西是什么？

上田利昭：我觉得，公司的经营理念最重要。我们公司创立于1973年，我带着满腔热情创办了公司。

创业以后，我一直把对业务的思考写在小本上。到了1994年，我决定把这些思考文字化，并作为经营理念传达给公司全员。公司的方针是什么、为什么在工作、持有怎样的目的、商务人士必备的是什么，经过多次思考后，一共总结了26个项目。

此外，在5年前，我对进公司两三年的员工说，想将我对公司经营理念的总结做成一本小册子。他们用了一年时间，制作出了"TuTuanna圣经"，为公司的员工对经营理念的理解和实行奠定了基础。

早会时，大家一起阅读。每当感觉到挫折、疲惫、辛苦的时候，这本"TuTuanna圣经"就像指南针一样指引着员工，让大家团结一致、凝聚在一起。那个时候，我们只有几家店铺，而到现在有216家店铺。在中国的店铺也是一样，大家虽然语言不同，但是拥有同样的公司价值观。

09 通过和服为中国留学生展示日本文化
访东京山喜株式会社董事长兼总经理中村健一

东京山喜株式会社董事长兼总经理
中村健一

历史，民族，文化。这中间，最为重要的元素是——传承。如今，日本保有的老字号企业的数量全球第一。创业于1924年的东京山喜株式会社就是其中之一。如何在传承与创新的夹缝中站立、站稳，是所有老字号企业的课题。作为第三代接班人的中村健一，自然也没少苦恼。1999年，该会社成立和服回收连锁店——"箪笥屋"，以崭新的形式让沉睡在家中的日本和服再焕光彩，获得了日本第11届"新事业大奖优秀奖"。2013年7月10日，记者采访了这位每年为外国留学生举办和服茶道体验会的中村健一先生，听他谈谈和服回收与文化传播之间的关系，以及美智子皇后是如何引领日本"和服热"的。

和服源自中国改良在日本

《日本新华侨报》：日本的"和服"，又被称之为"吴服"。有人据此说日本的和服来自中国。当然，也有人不同意这种看法。你是怎么看的呢？

中村健一：关于和服有不少说法。其中之一就是说和服的"始祖"在中国古代历史上的吴国，也就是现在的中国江苏省。那里有个吴江县，现在也是养蚕业非常发达的地方。因为养蚕业发达所以有很多蚕丝，这也是绢的原料。而用绢制作成的衣服就被称之为"吴服"。

数百年前，吴服经过朝鲜半岛来到日本。但从那个时代留下的历史遗迹来看，当时的吴服还和现在的和服不太一样，倒是与朝鲜的民族服装有点接近。

在后来的一千多年里，日本人逐渐设计出了适合自己的和服。其特征就是使用直线缝制。西服考虑的是配合人体来缝制，所以使用的是曲线缝制；而和服考虑的是用平面包裹立体，所以使用的是直线缝制。这是日本独有的想法。因此，我想说：和服源于中国，改良在日本。

美智子皇后引领日本"和服热"

《日本新华侨报》：日本的社会模式在不断变化，日本的年轻人也在逐渐脱离和式生活。这对"和服文化"有着什么样的影响呢？

中村健一：和服最盛行的时代是日本的江户时代。这是一个几乎和中国的清王朝相同的时代。在江户城（今天的东京）幕府将军的"大奥"里，"后宫佳丽三千"都是穿和服的。1868年明治维新以后，日本开始欧化，穿上西服。到了1945年以后，日本又开始美（国）化，西服流行起来。"二战"期间，也就是1941到1945年左右，为了适应战争的节俭要求，政府主持设计、推广了"国民服"。当时，和服作为奢侈品被禁止买卖。

1959年，日本皇太子，也就是现在的明仁天皇结婚。在盛大的婚礼上，太子妃美智子穿的是和服，一下子抓住了人们的眼球，日本迅速兴起了"和服热"。而且在当时，大多数日本人的和服都在战争中被烧毁了，还有的被当掉了，大家都需要重新购置和服。自那年开始，日本社会的"和服文化"就进入了全盛期。到了1975年，和服市场规模达到了两兆日元。

那以后，日本的和服市场持续走低。为什么会这样呢？这真不是几句话就能够概述的。我认为，原因之一是消费思想的改变。从前，购买和服，是一种富裕的象征，也是经济实力的表现。有些家庭在女儿出嫁时，会花上几百万日元购买和服。

原因之二是价值观的改变。之所以皇太子结婚能引发"和服热"，是因为美智子殿下是第一个嫁入皇宫的民间女子。这是划时代的历史性事件。当时的媒体还经常去日本桥的一家给皇室提供和服的店铺里采访。后来的雅子殿下和德仁皇太子的婚礼，就没有那么轰动了。美智子殿下穿和服的影响力是雅子殿下的100倍。

如今的和服市场规模已经减少到3000亿日元左右，是从前的15%。在各式服装琳琅满目的今天，人们已经不会只买和服了。这个市场还会有翻番的可能吗？我认为已经不可能的。但是，我不会为此灰心丧气。

和服回收事业有利于环境保护

《日本新华侨报》：在环保意识日渐高涨的今天，你们开始了和服回收、清洗、再造业务。这在和服业界恐怕还属于"新鲜事物"。是什么原因促使你想到要对和服进行再利用的呢？

中村健一：目前，大约有4亿件和服和4亿条和服腰带沉睡在日本人家庭的衣橱里。按照一套平均10万日元计算的话，就是40兆日元的浪费。我认为有必要将这些沉睡着的资源挖掘出来重新利用。这样做既可以活跃和服市场，又有利于环境保护。

我们都知道，和服的制作材料大部分都是绢，也有一些羊毛、棉布、化纤材料等。用绢制作的和服非常珍贵，而且日本人对于绢也情有独钟。皇宫里天皇陛下在种稻米，皇后陛下在养蚕抽丝制绢。绢，就是这样一种特别的东西。

日本的天气高温多湿。像绢制和服这样的东西放在家里时间长了会发霉，出现黄斑，变坏的速度非常快。必须每年两次拿出来通风防虫，进行清洗。但很多人都没意识到该这样做。因此，我们会回收各个家庭里长期不穿的和服和系带，进行清洗、杀菌、抗菌、消臭、加工后，再重新设定价格投入市场。

现在我们每年回收的和服有50万件，只占总体的0.06%左右，剩余的99.94%其实还是躺在衣橱里沉睡。我们还得努力让这些沉睡的资源重新被利用起来。

借助和服推动留学生了解日本

《日本新华侨报》：你每年定期为外国留学生举办和服茶道体验会，为留学生实际接触日本文化提供了契机和援助。这样做的意义在哪里？

中村健一：中国既是日本和服的始祖，又是日本和服的生产基地。所以我们非常希望能有更多的中国人理解和服，喜欢和服，并通过和服来进一步接触到日本的传统工艺。这是大家了解日本文化、日本人价值观的一个渠道。

中国留学生穿着和服体验和式文化

日本与中国在地理位置上是近邻，但在价值观上却存在差异。我认为，深层的东西必须通过实际接触来感受，也只有这样才可以促进日中两国彼此了解和理解，我很希望和服能在这中间起到一点点的推动作用。

前段时间，庆应大学的AIESEC（国际经济学商学学生联合会）的人员来我们这里，咨询能不能接收海外研修生。我的回答是，只要是对和服感兴趣的人我们都欢迎。

来我们公司的，最多的是法国人，其次就是中国和东南亚等国人。他们都对和服和和服文化抱有很大的兴趣。看到有这么多的中国人和中国留学生愿意通过和服来更进一步了解日本，我非常的高兴。

在中国沿海城市开拓和服市场

《日本新华侨报》：你去过中国吗？对中国有什么印象？

中村健一：从1989年到1999年的这十年间，我们在江苏省苏州市经营了10年的工厂。那时候我差不多每年都要去10次中国，这10年间我去了大约100次。

从前中国是我们的一个生产基地，现在由于市场变化，我们的生产基地慢慢由中国移到了越南。但今后我们计划在中国的沿海城市开拓消费市场。上海、广州等地有不少的摄像组和照相馆都到我们这里来购买和服。我认为，在中国的沿海城市，和服的需求会有所扩大。

10 日企在华投资不应再指望廉价的人工费

访日本经团联副会长、株式会社小松制作所会长坂根正弘

能够让企业从赤字变成黑字的企业家，能够让企业起死回生的企业家，通常是不仅有着非同寻常的经营才能，还有着不同寻常的观察与判断的眼光。日本经济团体联合会副会长、株式会社小松制作所会长坂根正弘，临危受命出任小松制作所社长，在其就任的2001年，小松制作所的当年度决算出现了800亿日元的最终赤字（纯损益）。他果断实施经营结构改革，到2002会计年度决算时即实现了约330亿日元的营业黑字。他积极推进在中国、东南亚以及非洲开展全球化事业，带领小松制作所在2007会计年度实现销售额22430亿日元，创下小松制作所历史上的最高业绩。坂根正弘于2007年就任小松制作所会长，2010年就任日本经济团体联合会副会长。

日本经济团体联合会，简称"经团联"，其首脑有"日本财界首相"之誉。近日，小松制作所的坂根正弘会长（经团联副会长）在东京小松大厦的办公室里接受了《日本新华侨报》的专访。

中国经济调控直接影响世界

《日本新华侨报》：中国在GDP上已经超过日本，成为世界上第二大经济体。同时，中国现在又是日本最大的贸易伙伴。对于中国经济未来的发展，现在有各种各样不同的见解和预测。您作为日本经济团体联合会副会长，对未来中国经济发展趋势是怎样看的呢？

坂根正弘：我注意到，自20世纪90年代后期起，中国进入了经济高速增

日本经团联副会长坂根正弘

长阶段。2004年4月中国政府实施了紧缩型宏观调控政策，自2011年起又进一步加大了调控力度。当然，这些调控措施自有其必要性。然而，中国的紧缩调控会直接对世界经济造成影响。因此，中国如何能够减少这种调控的次数，保持中国经济的稳定发展，对世界来讲也是非常重要的。在我看来，中国具有很大的发展潜力，如果按现在每年9%左右的GDP增长速度，尽管其间可能会经历数次短期调整，高速增长持续到2020年是没有问题的。自那以后，中国经济发展速度可能会稍有降低，即使那样，中国的经济增长在世界上也是了不起的。

日本企业不应再指望廉价的人工费

《日本新华侨报》：我注意到日本媒体的一份问卷调查，其结果是65%

的受访者认为应该缩小在中国的事业，转向投资到中国以外的其他国家。当然，也有不少受访者认为中国市场尚不稳定的时候，正好是日本企业以质取胜的机会。今后，日本企业的中国战略到底是什么呢？

坂根正弘：应该说，即使是同为日本企业，不同的企业也会有不同的战略。我们小松制作所主要生产建筑机械，在世界上14个国家拥有自己的工厂。这些工厂都是根据所在国的市场需求建设起来的。我们不搞那种在人工费低廉的国家建造工厂，然后再将产品出口到其他国家的做法，不靠这种方法来获得利益。我们在中国也建有工厂，其产品的98%左右都在中国国内销售。因此，我们不存在因为工人工资水平提高就要把工厂迁移到其他国家去的问题。

应该认识到，日本企业如果仅仅是因为人工费低廉而进入中国，事业是维持不了多长时间的。现在，中国的经济高速发展，人工成本费的上涨速度与当年我刚进入小松制作所上班的时候一样，每年的工资上涨幅度要达到10%左右。这是很自然的事情。所以，如果日本企业只是希望把中国作为生产基地，把产品出口到其他国家，这种做法，肯定是会因为工资成本的上涨而维持不下去的。因此，日本企业有必要对迄今为止的战略做调整。

稳定的政治是经济发展的前提

《日本新华侨报》：大量日本企业在海外办厂，带来了日本国内的产业"空洞化"。您也在不同场合强调，日本目前最大的问题是经济没有呈现出成长的态势。您认为日本政府应该做些什么呢？

坂根正弘：我们先来看东盟国家，这些国家的经济发展非常快。理由是什么？我认为最大的理由就在于他们有着一个稳定的政治。过去，印尼、菲律宾等国，由于国内不稳定，经济发展就很慢。现在，他们的政治稳定了，经济发展速度也加快了。

我们再来看中国。对于中国的政治体制，世界上有各种各样的说法。然而在我看来，中国的政治处于一种稳定状态，所以中国才能保持稳定的高速发展。没有一个稳定的政治，就不会有经济发展。

再回过头来看日本，近年来日本政治一直处于一种混乱状态，可以说经济的低迷是造成这种政治混乱的原因之一。正如"经国济民"一词所言，政治与经济本是密不可分的。自从20世纪90年代日本泡沫经济破灭以后，20多年来GDP完全处于停滞不前的状态。好像谁来当国家领导人，都无法解决这个通货紧缩国家的经济问题，也都无法在国民中赢得"人气"。因此，让日本经济重新回到成长的轨道上来才是当今日本政府的当务之急。而现在日本正面临着一个重振经济的大好机遇，就是日本邻近那些目前处于经济高速增长阶段的亚洲国家，日本所拥有的技术实力能够为亚洲的经济发展做出贡献的地方还非常多。

灾后重建有利于日本经济的发展

《日本新华侨报》：日本经济景气持续低迷，其原因除了您刚才提到的政治不稳定之外，还有没有其他原因呢？

坂根正弘：当然有！比如说，日本的GDP已经被中国给超越了，不少日本国民就认为，日本这么一个小小的岛国，能够成为世界第二经济大国，并且维持了这么长的时间，已经算可以了。在他们看来，日本的经济发展已经达到了极限。这其实是一种错误的想法。

实际上，尽管汇率变动使得国家之间的比较结果会有所不同，但现在日本的人均GDP在世界发达国家中处于低位却是不争的事实。尽管有各种原因，我认为其中最大的原因就在于中央集权以及东京一极集中到现在已经走到了尽头，全国"一刀切"的做法已经不再起作用，包括第一产业在内，地方产业陷入了衰退的境地。

坂根正弘在接受采访

这次日本的"3·11大地震"，给日本经济带来了沉重的打击，但这同时也提供了一个机会，就是从日本东部地区开始，让地方主权得以确立，并让第一产业重新得到振兴。以此为契机，我相信日本一定能够再次振兴起来。

中国式的市场经济在危机中凸显优越性

访日本东丽集团社长日觉昭广

1926年以生产人造纤维起家的日本东丽（TORAY）集团在中日邦交尚未正常化的岁月里，就应中国方面要求出口原材料并进行技术支援。

如今，东丽集团已经成长为全球最早从事碳素纤维和反渗透膜技术开发的企业之一，在海内外23个国家和地区拥有236家公司。自创

日本东丽集团社长日觉昭广

业伊始，东丽集团就以"公司存在的意义在于贡献社会"为经营根本。在温室效应和环境污染成为全球性问题的今天，东丽集团又将目标设定为：通过创新的技术实现环境保护以及创造一个安全的生活环境。

2013年5月20日，东丽集团CEO兼COO日觉昭广在位于东京的集团总部，接受《日本新华侨报》的采访。

对中国未来经济发展充满期待

《日本新华侨报》：中国和日本有着长期的经济交流。东丽集团与中国的交往是从什么时候开始的呢？自2010年以来，中国GDP超越日本，成为全球第二。您如何看待今后中国的发展走向？

日觉昭广：1956年，东丽集团在中国香港设立了分公司。这可以说是我们和中国缘分的开始。1973年，东丽集团应中方要求，向上海石油化工总厂出口聚酯纤维原料和聚合工厂的大型成套设备技术；1992年，香港的分公司和陕西省的企业合并，成立了一家规模较小的染色公司；1994年，我们在江苏省南通市设立了合成纤维织布的染色公司。这是我们在中国内地的第一个生产基地。

从我们进军中国内地到现在，已经有了将近20年的时间。在这近20年里，中国的经济发展取得了令世界瞩目的成果。我们在内地的分公司也发展到了20多家，现有当地员工8000多名。

中国有着世界第二大的经济规模，并且从"世界的工场"发展到"世界的市场"。今后，我们计划在中国更为积极地扩大贸易规模。由于中国实行的是社会主义市场经济，所以在经历了全球金融危机后，中国能够很快就挽回损失，继续顺利发展。由此也可以看出，社会主义市场经济的强大之处。

虽说中国的GDP增长率由2010年第四季度的9.8%下降到2012年第三季度的7.4%，但是作为一个年生产总值在600多兆日元的国家，5%的GDP就能达到30到40兆日元左右，可以和一个小国的国家GDP相匹敌。我对中国未来的经济发展充满期待。

《日本新华侨报》：从2012年9月以来，中日关系开始出现摩擦。在同年年底，中日两国又都有新一届领导人上任。您认为应该如何缓解中日关系呢？

日觉昭广：我个人认为，这需要花时间去协调、去解决。日本和中国作为全球排名第三、第二的经济大国，有必要携手合作，一起引领亚洲经济前进。这是日本和中国所背负的使命。尽管两国出现了一些问题，但双方都有必要坐下来进行对话。现在这种状态持续下去的话，只会带来一个双败的结局。

中国正在进入"高端市场"时期

《日本新华侨报》：我了解到贵集团还是美国波音公司的新型客机787的碳纤维独家供应商，综合竞争力全球排名第一。今后，被称为"廉价市场"的亚洲新兴国家将快速发展，您准备如何应对这种形势呢？

日觉昭广：我认为，对于亚洲新兴国家，已经不能再使用"廉价市场"这样的说法了。

在四五十年前，我们就进军东南亚国家，当时那里的劳动力的确便宜，是比较廉价的生产基地。但是，伴随着亚洲经济的成长，东南亚等新兴国家的生活水平不断提高，人们购买商品已经不单纯是为了满足生活的基本需求，对产品附加值的要求也越来越高。

从纤维业界的调查结果来看，当人均GDP超过3000美元时，日常生活用品的销售量就会大增；当人均GDP超过5000美元时，奢侈品的需求量就会扩大。现在中国的人均GDP已经接近5000美元，而且我听说奔驰汽车的购买量最大的国家就是中国。中国早就不是"廉价市场"了。在我们看来，中国的奢侈品市场规模将在2020年达到20至25兆日元。

为此，我们计划运用集团先进的技术力量生产出更多高性能、高质量的产品，以对应走过"廉价市场"时期，迈入"高端市场"时期的以中国为代表的亚洲新兴国家。

国际化人才与人才的国际化

《日本新华侨报》：企业的发展关键在于用人。在经济全球化的今天，东丽集团是如何培养人才的呢？在聘用海外优秀人才以及提拔外国人进管理层方面有哪些具体举措呢？

日觉昭广：我们的已故名誉会长前田胜之助在任社长时期，建立了东丽集团综合研修中心。当时，他写下了这样一句话——人控制企业的盛衰，人开拓企业的未来。我认为，这句话最能说明前田会长重视人才以及东丽集团以人为本的运营态度。

再进一步说，我认为，应该把培养人才分两方面来看：一方面是培养国际化人才；另一方面是人才的国际化培养。

培养国际化人才，换言之，就是培养能在全球范围内活跃的人才。他们必须具备较高的专业技能和很好的沟通能力，能够接纳来自不同文化背景下的，持有不同价值观的人提出的意见，并且还要有领导才干，能够以全球性观点和国际竞争意识来推动事业的发展。

另外，一个没有文化根基的人是无法理解他人的想法的，也无法得到他人的尊重。因此，我们对国际化人才还有一个要求，就是要了解本国的历史和文化，以及东丽的历史和文化，保持东丽的DNA。

再说人才的国际化培养。我们在全世界的公司，平均每年都会在当地聘用300到400名大学毕业的员工。在培养这些员工的时候，我们采取的是因材施教的方法，根据每名员工的个人经验和实力设定培养方向和该掌握的技术等，并且按照每名员工的素质和适应性为他们安排工作内容及将来的职位。在亚洲各国的东丽集团的分公司里面，管理层的晋升率在30%。

日觉昭广在接受采访

解决环境问题是企业使命

《日本新华侨报》：贵公司非常重视发展绿色创新产业，您认为，作为企业，应该如何为社会发展及环境保护做贡献呢？

日觉昭广：自进入20世纪以来，世界经济的快速发展导致出现地球温室效应及其他各种各样的全球环境危机。眼下，社会也需要企业能共同来应对环境问题。

在解决环境问题上，特别是节约能源方面，原材料能起到非常重要的作用。比如优衣库公司和我们共同开发的高性能纤维制作的衣服，冬天能保温。人们会主动给房间里的空调调低温度，节约电力。又比如说使用我们的碳纤维制作飞机机体，能够减轻飞机的整体重量，从而节约航空燃料。再比如我们的水处理技术，使用该技术对海水进行淡水化处理，不需要那么多的石油。

我个人认为，所有产品原材料有改变社会本质、改善人们生活的力量。所以，东丽集团必须起到带头作用，不断进行技术革新，这是我们的社会性使命。虽然说研发新产品、新材料需要很长的时间以及较大的财力供给，但必须立足长远地坚持下去。

进行长期性开发研究，需要有强烈的企业信念来支撑。而正是因为有这样的企业信念，才可以创造出新材料，从而改变社会本质，改善人们生活。

中国年轻人有很大成长空间

《日本新华侨报》：到目前为止，您去过几次中国？您对中国印象最为深刻的是什么？

日觉昭广：我第一次去中国是在2000年，当时去的是江苏省南通市，后来又去了北京市。

在过去的13年间，我多次到中国各地的分公司视察。每次去都会发现一些新变化，比如说上次来还是田野的地方，这次去就建起了大规模的工厂。真是日新月异，令人目不暇接。

中国有着4000多年的历史，日本有着2000多年的历史。在悠久的历史长河中，中国一直是日本的老师和兄长。古代日本文化的形成，主要得益于对中国文化的吸收和融合。比如说汉字就是从中国进口的，遣隋使、遣唐使也带回了很多中国文化的精华。就是现在，日本的学生也还是要学习中国的汉诗和谚语等。从根本上来说，中国和日本的文化是相融相通的。

我在中国进行交流合作的时候，也真切地感受到那种心意相通的、默契的感觉。通过接触我还发现，中国人富有进取精神，尤其是年轻人，他们信奉合理主义和实用主义，有着很大的成长空间。在这一点上，我认为中国人和美国人很像。既然美国有"美国梦"，中国也可以有"中国梦"。

在明治维新以后，日本比中国早一步引进西欧技术，进行产业革新，从而跻身世界前列。如今，中国赶超日本，成为全球第二经济大国。我希望，全球第二经济大国能和全球第三经济大国强强合作，共同引领亚洲以及世界前进。

祖先出自佛教僧人世家

《**日本新华侨报**》：最后还有一个比较私人的问题。我来日本已经有25个年头，这还是第一次看到"日觉"这个姓氏。我想请教一下这个姓氏的来源。

日觉昭广：事实上我自己也不是很清楚，只知道我的祖先直到江户时代都是僧人世家，这个姓氏源自佛教。即使在我的老家，也就是兵库县三木市，日觉一族也只有十几户人家，的确是个比较罕见的姓氏。

中国依然是未来发展的最重要市场

12

访富士施乐株式会社社长山本忠人

　　作为全球最大的办公设备制造商，日本富士施乐实在是有太多值得"说道"的话题。近日，该社社长山本忠人在接受本报采访时表达了自己的抱负：中国是富士施乐最重要的市场，要通过强化服务，帮助中国客户解决问题，创造更有价值的沟通环境，为实现可持续发展的中国社会做贡献。

　　此外，山本忠人告诉记者，富士施乐最先进的产品是在中国生产的，中国拥有富士施乐最重要的量产生产基地。他说，"我们是业界唯一一家能做到零填埋、零污染、无非法丢弃，且在中国也有整合资源循环系统的企业。"这不禁令记者想到，日前，中国国家主席习近平出访时，在纳扎尔巴耶夫大学的演讲中所强调的，"我们既要绿水青山，也要金山银山。宁要绿水青山，不要金山银山"。看来，中日两国都在重视环境保护上面下了功夫。

东京奥运会有助于促进技术进步

《日本新华侨报》：富士施乐是中国民众非常熟悉的一个日资企业。去年，是富士施乐株式会社创立50周年。已经拥有半个世纪历史的富士施乐，今后的发展方向是什么？

山本忠人：是啊，在大家的关照、关爱下，我们迎来了创立50周年纪念。

富士施乐株式会社社长山本忠人

回顾这50年走过的历程，我们在复印机、打印机的制造与销售方面可以说是比较顺利的。因为我们是伴随着日本经济的高速增长发展起来的，而且拥有业界最尖端的技术和最优秀的产品，以及设备租赁这样新的服务模式。

在过去的50年间，人与人的沟通方式，由书信往来变成通话、视频等多种形式。复印、打印系统也由黑白发展为彩色，变得数码化和网络化。就在最近，东京又时隔56年，再次获得了奥运会的主办权。和上一次举办奥运会相比，日本的技术力量有了极大的进步。

1995年，Windows操作系统的出现，让我们意识到现有的复印、打印系统，已经无法满足客户的需求，因此进行了一系列的改革，制定了"价值和销量"战略，在向客户提供高质量的产品、高附加值服务的同时，扩大销售量。

今后，电脑技术和IT技术还会继续发展。我们也计划以2020年的东京奥运会为限，将这些数码技术和自己在过去50年间开发、完善出来的影像技术以及模拟技术完美融合。在未来50年里，我们将继续秉承创建更好的生活环境的信念，以促进文化多元化发展，为世界进步做贡献为使命，继续向客户提供更好的、最好的解决方案与服务。

在中国培养好的销售员是个难关

《日本新华侨报》：富士施乐与很多进军中国的同领域的日企不同，没有通过合并打通市场，而是选择了强化直接销售体制的方式。为什么选择走这样一条路呢？

山本忠人：我们是业界第一家在中国进行直接销售的企业。现在，我们已经积累了10多年的经验与成果。希望能更好地对应技术上的课题以满足客户的需求，同时必须强化直销体系，建立一套完整的销售培训体系，做到能直接为客户服务。

在拓展中国市场的过程中，最大的困难其实是培养优秀的销售人员。要想培养出能够很好地将我们的"价值和销量"服务介绍给顾客的销售员，既需要一定的时间，又需要培训场所，还得想办法令销售员的技能不断提高。

不过，通过我们的努力与大家的支持，现在，我们已经拥有了一批优秀的中国销售员。

中国经济还会持续增长令人期待

《日本新华侨报》：我了解到，富士施乐销往全球的约九成的产品，都出自上海、深圳这两个生产基地。对于日本媒体经常谈及的"中国风险论"，以及"中国＋1战略"，你怎么看？

山本忠人：我们的深圳工厂于1995年落成运营的。最初是考虑到日元升值，产品出口已经日渐失去竞争力了，所以决定选择深圳作为我们的出口型产品生产基地。当时，中国政府为我们提供了税收优惠政策，中国也有优秀的劳动力。因此，我们才能生产出大量的好产品。

最近十年间，中国市场的数码复合机和复印机、打印机的销售量都大幅增长。这为我们在中国市场的发展带来了更大的机遇。我们的产品出口也不断扩大，并且增加了面向印度、西班牙、中东等新兴国家的产品线。

我认为，中国经济还会持续增长。中国市场依旧是我们未来发展最重要的市场。今后，深圳、上海的工厂，将成为我们面向日中两国的高附加值产品的开发基地。为能开发出符合中国市场需求的产品，上海工厂的中国研发人员，也由从前的30人增加到了70人。

由于上海和深圳的产能已经不能满足需求，因此我们在越南设立了以生产低成本的出口型打印机、复印机为主的生产基地。

中国人工费用的增长速度，的确超出了我们的预想。但我们没有"中国风险论"，以及"中国＋1战略"等方面的考虑。我们会继续投资中国，并且对中国的发展充满了信心。事实上，我们在中国各地的分公司都在增设部门并进行人员的扩招。

员工的幸福度决定企业的成长率

《日本新华侨报》：富士施乐一贯注重提高中国员工的满意度，"垃圾零填埋""零污染""无非法丢弃"的整合资源循环系统也在中国获得了很高的评价。你认为，企业应该如何担负起社会责任？

山本忠人：我认为，企业的社会责任，其实就是企业经营本身。我们在企业的社会责任方面很下功夫。从零件、产品的生产到回收，再到资源的循环利用，我们是业界唯一一家，也是唯一在中国拥有这样一套完整的"整合资源循环系统"的企业。

在不久的将来，自然资源的枯竭必将成为一个严峻的问题。所以，我们的中国工厂在生产时，必须努力实现持续性的资源再生，要能为构建一个可持续发展的中国社会，贡献自己的力量。

在员工的幸福度方面，我们认为只有员工幸福，才能促进企业成长。我们的深圳工厂，还有一套员工关怀制度，为那些远离家乡出来就业的年轻员工，进行能力开发和教育培训。

除此之外，作为数字与信息技术产品生产商，作为与文字、文化相关联的产业，我们还为中国偏远山区的学校提供支持，希望能提高山区孩子的知识水平，让他们能够走向社会。在日本国内，我们也为正在攻读博士课程的中国留学生提供奖学金。

年轻人要有勇于走出国门的热情

《日本新华侨报》：如今，中日两国的年轻人都被贴上了"宅"的标签。你有着丰富的海外经验，在你看来，到国外赴任需要具备哪些条件？

山本忠人：我当初选择进入富士施乐，就是因为想到国外工作。其实，我没什么语言天分。

在我看来，对外国文化感兴趣，才是最关键的。比起语言天分，更需要的是一份勇于走出国门的"热情"。有了这份"热情"，才能融入到其他国家的地域社会，才会与其他国家的人们建立友谊。而在这个过程中，语言能力自然而然的就会得到提高。

基于这种想法，我会很积极地为年轻的日本员工创造机会，鼓励他们到中国以及其他亚洲国家工作。

兴趣也能让人从中学到不少东西

《日本新华侨报》：我听说，你的兴趣是帆船运动。有这样一句话，叫作"兴趣培养人生观"。你怎么认为？

山本忠人：我这个人喜欢玩，玩帆船运动，也玩其他好玩的。我的感觉是，兴趣能让人在工作外感到放松，能结交到新的朋友，也的确能从中学到不少东西。

帆船运动，其实不像看上去那么简单。我在玩帆船运动时，也曾多次"遇难"。运动开始前，要做好应对台风的周全准备，也需要团结帆船上的全体人员。这些经验，其实都可以运用在经营管理上。

采访后记：在采访结束后，山本忠人社长为记者写下了"云外青天"这四个字。"偶来云外见青天"，这也是他对中日关系的看法。

13 到中国传播"香道" 实现"文化回流"

访"日本香堂"集团公司社长小仲正克

　　焚香抚琴，熏香品茗，闻香赏画，借香怀想……人类对香的喜好，是与生俱来的天性，就如同蝶之恋花，木之向阳。

　　"香道"源起于中国，成长在日本。而"日本香堂"，这个创业于430多年前，拥有全球最先进生产体制的老牌企业，在致力于将历史悠久、独一无二的"香道"传承下去的同时，也在通过举办公开展示会等活动，让

"日本香堂"集团公司社长小仲正克

成长、成熟后的"香道"重新回到中国，努力修复一种文化的断层，完成一种文化的回流。

　　2013年7月10日，记者走入"日本香堂"位于东京银座的本社，采访集团公司社长小仲正克。

香已成为现代人的精神养生法

《日本新华侨报》："日本香堂"继承了从天正年间让皇室御用的传统。从那个织田信长、丰臣秀吉等活跃过的天正年间，再到如今的日本社会，中间发生过无数次的变革。部分日本传统文化也随之湮没。"香文化"的情况又如何呢？

小仲正克："香文化"已经渗透到日本人的生活习惯里。一方面，日本的大多数家庭里都有佛龛，所以每天都会使用到线香；另一方面，日本人会在亲朋好友来访时，在玄关处点上一支香。这是从古时就一直传承下来的生活习惯。

如今，现代人的生活节奏越来越快，渴望能在快节奏中享受"慢生活"的人也越来越多。而香具有很好的调节情绪、缓解压力的作用。所以，现在的年轻人也懂得在高考冲刺阶段，点上一支香让自己精神集中；在临睡前，点上一支香让自己悠然入梦；在和朋友饮茶聊天时，点上一支香让大家身心放松。可以说，现代人用到香的机会正在增多。

将弘扬"香文化"视为己任

《日本新华侨报》：我了解到，你最初是在银行工作。为什么最终选择了继承公司呢？

小仲正克：在我还是一个小孩子的时候，就很喜欢闻父亲衬衫上的线香的味道。我是在"香文化"的潜移默化中成长起来的。

读大学的时候，我曾立志要做一名创业者。在银行工作期间，我也没放弃这个理想，努力积累商务方面的经验。但就在我进入社会七年半左右，我的父亲跟我说，希望我能继承公司。在考虑到需要有人，有更多人，将"香文化"这样一种历史悠久、独一无二的文化传承、传播下去后，我就决意继承公司。

"香道"源于中国，成长在日本

《日本新华侨报》：日本全国各地好像都有"香道教室"。你能介绍一下"香道"的历史吗？

小仲正克："香道"，与"茶道""华道"并称日本三大"艺道"。大约是在6世纪，香与佛教一起由中国传入日本。根据《日本书纪》记载，推古天皇3年（公元595年），日本淡路岛上漂来一块木头。岛上的居民在用火点燃这块木头后发现，木头散发出了难以形容的芬芳。这令岛上的居民十分惊愕。于是便将木头运到宫中献给推古天皇。圣德太子判断，这就是稀世之宝沉香木。这是日本关于香的最早的记录。

在平安时代的作品《源氏物语》里，就经常出现给衣物熏香的场面。可见，日本贵族已经懂得用香来丰富生活，怡情助兴。

到了室町时代，喜欢收集各色名香的贵族越来越多。在聚会上，大家便将收集到的名香一一点燃，互相评鉴香味的胜劣。这就是"香道"的雏型。

到了江户时代，人们开始根据一定的规则及方式，让香与文学、诗歌或季节、意境等相结合，通过加热两种以上的香木来鉴别芳香的微妙差异。这，就是世界上独一无二的"香道"的形成。

日本"香道"的创始以宫廷贵族三条西实隆与武士志野宗信为中心。因此，现代的"香道"也分为"御家流"和"志野流"这两大流派。

品香论道走入中国大众生活

《日本新华侨报》：现在，"日本香堂"的产品已经在全球40多个国家销售。今后，在发展中国市场方面有哪些计划？

小仲正克：香的原材料最初是从贩香、运香的港口，也就是"香港"进口的。1970年，我们先是在香港成立了"日本香堂"香港分公司。从2003年开始，又以那里为据点扩大了销售业务。

中国大陆现有几百家线香公司，竞争非常激烈。因此我们最终考虑，在一个全新的领域打开市场。什么领域呢？就是脱离佛教因素，让顾客们不是通过"烧香"，而是通过"品香"来认识、接触我们的产品，享受产品所带来的高质量的生活乐趣。

最初，我们的产品是在中国大型连锁超市里上柜的。后来考虑到香是一种高雅的生活用品后，就在中国的高级百货店里开设了50多家的直营柜台。

"香道"到中国是文化的回流

《日本新华侨报》：的确。现在有越来越多的中国人能够了解、接触到日本的"香道"。有人说，中日两国文化是同根同源的。在中国传播日本"香道"，有什么意义和收获呢？

小仲正克：一直以来，我们都有一种使命感，要让"香文化"在日本国内得以传承，在海外国家得以传播。

到目前为止，我们在很多个国家都公开展示过"香道"。对"香道"最感兴趣、造诣最深的就是中国人。欧美人需要你逐个步骤的解释，从一说到十。而中国人是一点即通，只要说到一，就能自动领会到十。这给我们留下了非常深刻的印象，果然日中两国的文化是同根同源的。

到现在为止，我们已经在中国举办了近百次的"香道"展示会。我们将这视为一种文化的回流，就好像大马哈鱼的洄游一样。在日本成形、成长、成熟的"香道"，又越过重重距离和障碍，重新回到自己出生的地方——中国。

连续十三年举办全国绘画比赛

《日本新华侨报》：作为一个"香文化"集团公司，"日本香堂"连续举办了十多年的绘画比赛。这样做的目的是什么？

小仲正克：从2000年开始，我们就每年举办"回忆故乡的盂兰盆节"绘画比赛。平均每年收到绘画作品约7万件，展览会到场观众有10多万人。这是日本全国最大规模的面向中小学生的绘画比赛。

我们存在的根源在哪里？就在传统文化的传承里。所以我们也有义务将这些传统文化代代继承、发扬下去。每年8月的盂兰盆节期间，日本的爸爸妈妈们都会带着孩子回老家，与他们的爷爷奶奶团聚，迎接祖先的灵魂回家。日本的各个地方还会在此期间举办独具特色的民间活动，比如伴随着太鼓的鼓点声一起跳舞等。我们举办绘画比赛，就是希望孩子们能用心观察、描绘故乡的民情民俗，并将这些一直继承下去。

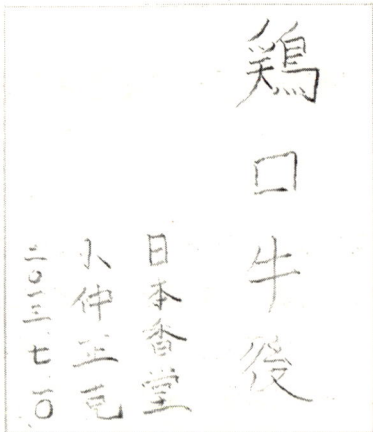

鸡口牛後
日本香堂
小仲正克
二〇一三・七・〇

小仲正克的题字

最能理解日本文化的就是中国

《日本新华侨报》：有评论认为，中日两国的年轻人都开始与传统文化"脱节"。作为日本传统文化的传承者，您对此怎么看呢？

小仲正克：我平均每年去中国3到4次。看到中国人、中国员工那努力拼搏，力争上游的身影，我就像受到了感染一样，身体里也会涌出一股力量。

在最近几年里，中国社会的变化真是令人惊讶。社会整体的礼仪、素质也越来越高。中国的发展让我认识到，要维持影响力，就得不断地求新、求变。

日本文化，有很多传承自中国。即使是在不断的变革后，也依旧保留着共通的部分。今后，我希望能看到有两国年轻人共同举办的文化活动。说到底，最能够理解日本文化的，还是我们的邻国——中国。

日本企业家在知能创造方面应学习中国

访日本BroadBand Tower股份有限公司社长兼CEO藤原洋

14

在日本这个IT技术大国，企业家如何能将技术优势发挥到极致，是一个很重要的课题。本来，在技术与经营之间取得平衡的最佳办法，莫过于让懂技术的人来管理企业。但是在日本，这样的企业家却少之又少。

2013年4月25日，记者采访到一位工学博士出身的成功企业家。他就是日本BroadBand Tower

日本BroadBand Tower股份有限公司
社长兼CEO藤原洋

股份有限公司社长兼CEO藤原洋。他与众多同样精通技术的企业家，如美国微软创始人比尔·盖茨等人交情匪浅。在这种高层次的交往里，他体会到日本企业经营者因对技术的不了解，造成企业在知能创造力方面的低下。

在接受采访时，藤原洋表示，在这一点上他十分羡慕中国，日本企业家应该向中国企业家学习。

这样下去日本的土壤里长不出"比尔·盖茨"

《日本新华侨报》：您与比尔·盖茨等企业家的交往在日本很有名，请谈谈日本企业家与美国、中国等国企业家的不同之处。有人说日本出不了比尔·盖茨，请问您对此有何见解？

藤原洋：其实我不只和比尔·盖茨有交往，我和美国许多企业家，比如说史蒂夫·乔布斯等人也都有过交往。和比尔·盖茨熟识是因为他当初创建微软的时候在日本工作，那时候我帮过他的忙。在这个过程中我们见过很多次，有过很好的交流。

在与这些人交往的过程中，我感到日本IT企业家最大的不足就是对技术的重视不够。在日本的IT界，据我所知，几乎没有哪个企业是靠重视技术获得成功的。我想这也是日本IT企业在全世界高新技术领域没有执牛耳，没有占到一个很重要地位的原因。我想这当然也与日本的社会构造有很大的关系。

在这个问题上我是很羡慕中国的。我发现中国在经济高速发展过程中，很多企业家对技术非常重视，对技术的理解也非常深刻。这一点从国家决策者的"本行"就能看出来，江泽民曾是电机工程师、胡锦涛曾是水利工程专家。两位前国家主席自身都具备技术本领，这肯定对中国企业家有很大的影响。

反观日本企业，技术职业者与决策者是两批完全不同的人。用大学里的学科作比喻就是文科和理科的区别，而且互相之间缺乏了解和认识。我想这就是日本的一个体制问题。如何才能把高科技与重视技术的企业家，甚至重视技术的国家领导人连成一体，对日本企业发展是至关重要的。

从英国开始的工业革命进程中，我们也可以认识到改变社会的体制，不只是靠观念，也是靠技术变革。比如说汽车发明后，世界的《道路交通法》也发生了改变。这是制订法律的人对新的技术有深入了解之后，据此来制订交通规则，从而带来的变化。如今，日本社会过于细分化、固定化，让日本出现了不靠重视技术也能够取得成功的IT企业家。这样下去，日本的土壤里长不出"比尔·盖茨"。

不应获得诺奖后再支持

《日本新华侨报》：日本政府近来提倡"技术立国"。您在著书中也同样提倡科学技术创造立国。我曾经在江田岛的旧日本军海军学校纪念馆里面看到"技术立国"的条幅。那个时候提出的"技术立国"和现在的"技术立国"有何不同？您和日本政府的主张存在什么异同点？

藤原洋："二战"时期或之前的"技术立国"，是日本为了建造一个军事大国而提出的。日本看到英国产业革命非常成功，德国的军工业迅速地发展，所以日本也提出了这样的口号，希望打造一支强大的军队。所以那个时候的"技术"几乎全都是军事技术。战后，日本放弃了战争，转而在经济上走市场经济的路线，希望靠科技来赚钱。现在的口号是出于这个考虑。

但是，我认为日本政府提倡的"为了赚钱的技术立国"还不充分。为什么这么说呢？有日本人拿到了诺贝尔奖，政府马上就会批预算，可没拿到奖的科研人员依然很穷。作为政府不应该在成果显现后，才去支持某个研究。而应该在研究最开始、奠定基础的重要时期，就有选择性地按照长远发展的眼光去扶持。应该是这样的顺序。

比如说学校教育，是因为有了完善的初中教育、高中教育、大学教育，才能培养出真正的研究者。日本不着重去加强基础教育，反而是看谁拿到了诺贝尔奖之后，再一口气给他很多预算，这是本末倒置。这不是"技术立国"。国家不应该只是鼓励和煽动大家去拿诺贝尔奖，而是应该制造出培养诺贝尔奖学者的土壤。日本政府到现在的做法非常表面化、表象化。

我在自己的著书里面提到的科学技术创造立国，更带有文化的色彩，也就是"科学技术文化创造立国"。我认为日本应该走这条路，向这个方向发展。战后，日本成了西方俱乐部的成员，在这种情况下我认为科学技术更多的是文化。在与他国交流时，不能只用自己国家最强的、具有垄断地位的项目来做贸易，还要进行科技交流。只有这样，日本在提高国民科技水平的同时，才能为邻国、为国际关系作出贡献。科学技术应该起到这个作用，科学技术应该成为日本和邻国之间的交流的桥梁。第二个作用是，科学技术文化可以提高国民的知能创造水平和软文化实力。科学技术文化不应该是为一时的利益而使用的东西。

"第四次产业革命"将要到来

《日本新华侨报》：作为业界知名的企业家，您对企业家所必备的知能创造力是如何理解的？您曾预言"第四次产业革命"时代的到来，可以详细说明一下吗？

藤原洋：我认为企业家应该起到很多作用，其中最重要的一个就是创造出现在还没有的新产业。换句话说，产业革命是应该由企业家发起来的，企业家承担这个责任。比如说英国工业革命之后，以前很多需要用人力来完成的，甚至人力不能完成的工作，通过机器轻而易举的就完成了。利用机器就形成了各种各样新的产业。因为这些新产业的出现，很多此前只能务农的人走进了工厂，找到了工作，因此产生了大规模的雇佣。企业家不应该只负责企业经营，还应肩负着创造新的产业，以此来产生新雇佣机会和社会发展的效果。

如果只是依靠既有的产业，只考虑自己公司的事情，是不会有很大前途的。虽然合理化经营很必要，但如果只追求合理化，就会给社会造成负担。比如说以前100个人能干的活，现在只需要70个人，那么雇佣人数就会下降。如果所有的企业都只追求合理化，那不仅雇佣会减少，社会也很有可能停止向前发展。所以企业家在谋求经营合理化的同时，也要积极开发新的产业。

从现在开始应该是创造新的产业、创造新的雇佣机会和岗位的时代。比如说日本经济的两大支柱产业——汽车与电器产业，支撑着全日本的技术与雇佣。但细想一下，他们只是照搬了欧美的成功模式。当然日本也在进行改良，但是从"知能·创造"的意义上来说，产业界的努力还是不够。将新发明、新技术转化成新产业，是所有企业家的原点和必须要做的事。可以说是企业家的出发点。

我曾提出过"第四次产业革命"的必要性。大家都知道前三次产业革命，为社会创造了莫大的财富。但产业革命也会带来负面影响。我曾在英国曼彻斯特看到，市内黑漆漆的道路上还留着150多年前运煤留下的痕迹。我想当时那里的空气污染一定很严重。日本也曾有这样的时期，现在中国也出现了这样的环境污染问题。第三次产业革命创造了电子信息（IT）产业，但这个新产业的负面影响是消耗能源。据我了解，2006年时IT产业消耗的能源占全日本的5%，而到了2025年，这个比例将上升至40%左右。单纯地说，电脑的速度越快、智能手机越普及，消耗的电力也就越大。IT产业的发展得有点太快了，发展得过了分。这就带来了能源的问题。

第四次产业革命就是解决这个问题的方法，是针对环境能源问题出现的新技术。其中一个可能性就是利用可再生能源的问题。比如太阳能、风能及蓄电等。第四次产业革命有必要构筑"可再生产业"的新社会体制。

中国学生是日本学生的榜样

《日本新华侨报》：您去过几次中国，觉得中日两国间的企业文化有何异同点？您认为日本年轻人应学习中国的哪些方面？

藤原洋：我前后去过10次中国。我认为中国的经济文化非常合理。我曾经向一位中国的大学教授询问他对日本大学的看法。他告诉我，日本的大学过于依赖国家，总是伸手向国家要钱，但中国的大学却在经营方面非常得力。他所在学校的三分之一收入来自学费，三分之一来自企业的委托研究，另外三分之一则是他们的自主知识产权来源。

我通过这位大学教授的话，能体会出中国企业家的想法。就像我刚才说的，他们懂技术才能将技术优势发挥到极致。这所中国大学的经营模式就很说明问题。而日本即使是大企业，也向国家要很多"补助金"。很多日本经营者缺乏企业家精神，将经营不景气归咎于大环境，这样下去将无法维持经营，无法保证雇佣。而中国的企业家则非常具有企业家精神，非常自立。所以我觉得中国真的是用市场原理在行动。在这一点上，日本应该学习中国。

正因为日本企业经营者是这个状况，因此日本学生产生了强烈的依赖心理。按照我的经验，美国和中国的名牌大学毕业生们，都希望进入小公司，通过自己的力量把公司变大。但是日本的名牌大学毕业生们，绝大多数都希望进入大公司。我对这一点感到不满。日本的学生就是希望自己什么也不做，也能得到安定的生活。我觉得这是日本大学教育的问题。日本学生应该更有梦想。在这一点上，自立精神很强的中国学生是日本学生的榜样。

中日经济互惠互利的时代正在到来

访日本NTT数据公司社长岩本敏男

NTT数据公司，是日本信息服务产业界的"龙头老大"。1996年，该公司承担了设计中国人民银行结算系统的领航系统，从而在中国市场赢得声誉。该公司的社长岩本敏男，是一位地道的"中国迷"。他曾先后到过中国80多次，厚仁重义的中国人给他留下了极好的印象。近日，《日本新华侨报》走访了NTT数据公司，采访了NTT数据公司社长岩本敏男。

日本NTT数据公司社长岩本敏男

日中两国的发展历程相似

《**日本新华侨报**》：20世纪60年代起，日本打造了政府部门、数据通信等国家基础通信系统。中国在这方面虽较日本起步为晚，但近年来发展迅速，且取得了巨大成果。请您谈一谈中国与日本在数据通信系统建设上的异同点。

岩本敏男："数据通信"这个词，从40多年前就诞生了。NTT当时是一家国营的电信电话公司，为取得计算机处理数据的许可，通信方式就被叫做"数据通信"。

在过去的20多年里，我一共去过中国80多次，亲眼目睹了中国飞速成长的过程。2008年，中国举办了北京奥运会。而中国市场层面的拓展，也大约是从北京奥运会举办的15年前开始的。这个情况中国和日本一样，日本也是从东京奥运会时开始进入经济高速成长期。在那个时候，日本的老百姓都有一个"3C"梦想，就是梦想拥有彩电、空调、私家车这三样东西。所以说，中国和日本的发展过程非常相似。

从数据通信的基础——网络来看，中国和日本没有很大差别。单从技术水平来说，中国的移动通信系统说不定已经超过了日本。但是，从各家庭的光纤通信的覆盖程度来看，中国和日本还存在很大差距。在中国，沿海地区或许可以达到光纤覆盖，但是内陆地区和农村地区还比较困难。

中国IT市场空间大、潜力大

《**日本新华侨报**》：从整体上看，外国企业进军中国电信事业还有一定的难度。对于日本的信息服务公司来说，中国市场的魅力是什么？

岩本敏男：大约在十五六年前，我们公司就构筑了中国人民银行结算系统的领航系统。并且和NTT通信公司一起，在北京和上海设置了中心和后台中心，通过卫星回线接应。这在当时作为最尖端的技术被导入。

通过和中国各界人士的接触以及长期观察中国发展的经验，我认为中国国内IT领域的潜在成长性，是非常惹人注目的，市场有极大的魅力。而且，今后还有非常大的发展空间。

目前，全球IT服务市场的整体规模达到了70兆日元，日本占其中的13%，大约是10兆日元。美国的统计调查结果显示，包括中国在内的整个亚太地区的市场规模都要比日本的小很多。但是，我预计今后中国的市场规模会达到20兆日元。而事实上，中国IT领域的发展速度和市场规模也都在持续增长中。

岩本敏男展示题字

正如《人民日报海外版日本月刊》中指出的那样，中国在推进人民币国际化的过程中还存在一些课题。就目前情况来看，外国企业在进军中国市场的时候也还会受到限制。因此，对于日本企业来说，最重要的就是和中国的同类企业建立良好的合作关系。

在不久的将来，中国必然会成为全球的领头者。因此，我们也希望中国不能只考虑本国的事情，而要考虑到世界整体，中国对国际社会的发展影响很大。无论是在历史上还是在地理上，日本和中国都是非常近的国家，所以中国和日本就更应该相互合作。相信中国未来的领导人也会有同样的想法。

发展经济是改善两国政治关系的前提

《日本新华侨报》：目前的中日关系可谓是"政冷经热"。您作为日本经济界有影响的人物，认为应该怎样改变这种状态呢？

岩本敏男：我认为，如果经济发展起来了，国民生活变好了，两国的政治关系也会随之好起来。政治的作用就是让国民过上好生活。现在，中国正处于从新兴国家成长为发达国家的阶段，所以很多人都会把中国的问题放大，认为中国和西方的民主国家不同。但实际上，我没有感觉到中国和其他国家有什么不一样。

我认为，在两国发生摩擦的时候，比较富裕的那个国家态度会更加从容，也可能会考虑让对方一步。从表面上来看，日本和中国现在就一些问题发生争执。但是，从根本上来看，日本是想和中国保持睦邻友好关系的，我是这样理解的。

为了能够坦诚地交流日中关系的一些问题，2005年，日本言论NPO组织联合《中国日报》、北京大学一起创立了"东京·北京论坛"。今年已经是第八届了。每届论坛召开之前，相关组织都会在日中两国进行共同问卷调查。在第一届论坛召开的时候，两国国民的6成到7成都回答喜欢对方的国家。但是也出现了一些令人吃惊的回答，比如有的日本人认为"中国是个可怕的国家"，有的中国人认为"日本还是一个军国主义国家"。

但在后来的几次问卷调查中，像上述那样的回答出现的频率越来越少，两国国民对彼此的印象都逐渐好转。然而，遗憾的是，由于2010年发生了撞船事件，现在两国民众对彼此的负面印象又增加了。

中国人更重信义

《日本新华侨报》：您到过中国多次了，对中国最深的印象是什么？您对今后日本电信企业在中国市场有什么期待？

岩本敏男：中国人给我的印象是厚仁重礼，饮水思源。这就像中国的那句老话："饮水不忘掘井人"。

有的日本人因为在中国受到了"热烈欢迎"而感到高兴，也有的日本人因为在中国遇到了过分的要求而感到上当受骗。我认为，这两种人都是没能和中国人建立起真正的信赖关系。如果有真正的信赖关系，他们就会发现，中国人要比日本人更重信义，值得尊敬。

眼下的日本企业最看重的是面向中国进行外包开发，比如委托中国公司开发日语软件等。日本企业出钱买成品，这在中国也是最受欢迎的合作方式。但是在今后，日本企业要争取中国方面的外包开发，从中国获取等价的报酬，中国完全有这个市场。为了实现这种贸易模式，日本企业也需要把在国内构筑的金融基础建设系统和结算系统等经验传授给中国，推动中国经济成长。日中两国经济上互惠互利的时代正在到来，所以，我们应当携手互助、共同发展。

16　网络改变社会　问题亟需解决

访日本因特网先驱、艾杰集团董事长铃木幸一

　　铃木幸一，1946年出生于日本神奈川县，早稻田大学毕业，是日本国内因特网服务领域的先驱者。1992年，为将因特网投入商业化运用，铃木幸一参与艾杰集团（IIJ）的成立，并于两年后的1994年4月就任艾杰集团总经理。此后，在网络技术领域，铃木幸一作为主导者，一直在引领着日本IT界前进。因此，我们可以说，日本因特网的发展史就是从艾杰集团的成立开始的。此外，铃木幸一还多次在报纸、杂志发表专栏文章，著有《稀释的语言》《铃木幸一的文明漂论》等作品，并担任每年在上野举办的"东京春音乐节"执行委员会主席。

艾杰集团董事长铃木幸一

要做信息时代的达·伽马

《日本新华侨报》：据我们了解，贵公司是日本第一家网络服务商，并享誉日本IT界。我们想知道，您为什么选择了这个行业。另外，您对网络社会积极的一面和消极的一面是如何看待的？

铃木幸一：我最初接触网络是在1969年，那年我23岁。当时，因特网在美国已经处于实验阶段，但在日本完全没人了解。

网络带来了信息技术革命，并将信息变得全球化，改变了信息传递的模式。这一点比网络技术本身的贡献更大。

因特网可以说是信息时代里的瓦斯科·达·伽马（Vasco da Gama）。达·伽马作为大航海时代的先驱，开辟了一条在全世界范围内的运输通路，并将其全球化。而因特网是在信息领域里完成了这所有的一切。我认识到这一点后，就选择了这个行业。

此时，信息还是被以国家为主的权力和媒体统一管制的东西。所以改变信息共享结构、建立信息全球化的共享机制，也就意味着改变了世界。

另一个契机是浏览软件的问世。当时，日本没有人将网络用于商用连接，所以我就决定着手去做。但在创业初期，日本的相关机构一直不肯对此予以认可。但是，这个技术革新真的是一百年才会出现一次，它是改变很多机制的一项技术。因此我想早日着手。我们公司在日本打了头阵。

网络社会有它好的一面，也有它不好的一面。比如说，2012年12月，日本举行了众议院选举。民众通过网上的视频动画，就可以看到一些参选人的演说。如果能再实现网上投票的话，相信投票率还会有所增长，说不定可以影响选举结果，对今后的政治也会有较大影响。这可以说是网络社会好的一面，虽然还有一些值得探讨的地方。

不好的一面呢，就在于对所有信息，网络社会很难掌控。从前，在某种程度上，国家就是依靠一定程度上的信息管制而建立起来的。但是在信息发送和信息接收模式不断变化的今天，要想管制信息变得非常困难。比方说，日本法律规定，网络禁止上传情色片，但如果进入美国的某个网页，以光纤的速度，完全可以做到在线观看。也就是说，在这个国家被法律禁止观看的东西，只要点击外国的网页就可以观看到，这就令法律失去了一定的功效。再比如说，某个国家将恐怖分子等驱逐出境，以阻止他们在国内散布谣言，但是在信息全球化的情况下，他们仅靠网络就可以将谣言散布到全世界。这是一件非常恐怖的事情。从大航海时代至今已经过去了500年，如今，我们已经步入了信息全球化的时代。今后，网络还会从根本上改变社会。因此，IT行业需要面对、需要解决的课题还有很多。

2013年应是日中关系改善的一年

《日本新华侨报》：中国在IT领域要比日本发展缓慢，但近年来发展势头强劲。您如何分析中国市场的现状呢？眼下，中日关系正处于近年来最为紧张的阶段，您认为在这种情况下，日本企业是否应继续同中国企业开展合作。

铃木幸一：我们公司为在中国国内提供云服务，正努力同中国电信公司开展业务合作。他们为我们提供了诸如上海数据中心以及网络等部分基础设施。我们在此基础上提供网络服务及运营，同中国电信进行长期合作。

在我个人看来，日中关系的紧张现状仅是一时的现象，友好在未来一定会到来。但与此同时，我也认为，不应该就这样僵持下去。这样僵持下去对日中双方都没有好处。2013年，应该是日中关系得到改善的一年。

日本应改善外国人工作环境

《日本新华侨报》：据我们了解，艾杰集团一直在大力培养新一代的网络工程师。您能谈谈在培养年轻人才方面的看法吗？

铃木幸一：日本人最大的性格特点就是认真，工作严谨，善于积累。因此，在某些服务业和运用领域提高品质、增强信用等方面能很好地发挥特长。但另一方面，日本人又不擅长推陈出新。

我不知道这是不是一个比较同质的民族国家所特有的。例如，在美国的IT界，是绝不会只启用本国人来开发新产品的。他们善于综合利用来自世界各个国家的优秀人才，同时又能为这些文化背景各不相同的人才提供一个可以自由发挥的环境，让他们发挥各自的能力。

在培养年轻人才方面，我认为日本应该借鉴美国的经验，给外国人提供可以在日本发挥才能的机会。但是，不知道是不是因为日语难的原因，进入日本的拥有不同文化背景的外国人很少。中国的年轻人也认为，日本的发展空间不如美国大。如果想进行技术改革、追求创新的话，还是需要有众多来自不同国家的人才一起才行。

愿意在中国的任何一个城市生活

《日本新华侨报》：您去过几次中国，对中国的印象如何？您对中日两国的未来关系有什么期待。

铃木幸一：我可以称得上是中国的老朋友了，曾多次受邀在北京和上海等地的大学演讲，再加上我出生的地方离横滨中华街很近，从很小的时候就喜欢上了中华美食。在去中国期间，我也品尝了各地的特色饭菜。

我是在传统家庭成长的，醉心于中国的儒教经典。拜读过四书五经。有一次在中国进行演讲，我提到自己是通过四书五经来学习汉诗的，现场的中国大学生们夸我就像唐朝的大诗人李白一样。

我去过中国的很多城市，最喜欢的地方是大连。大连的氛围和日本的北海道很像。不管你把我送到中国的哪个城市，我都愿意，也都会在那里生活的很好。我有这个自信。

我儿子目前在北京生活，他说北京现在抬头看不到晴空，我听了很是痛心。曾经，北京秋季那一碧如洗的天空，在绘画中也有描绘，令日本人很是憧憬。但如今，不仅是北京的天空变得灰蒙蒙，大连也是一样。在大连白昼昂首看太阳，你会发现那太阳就好像月亮一样朦胧无光。香港那就更差了。我期盼中国能够早日解决大气污染问题。

事实上，日本在经济高速增长期也遭遇过严重的大气污染问题。我认为，在治理大气污染方面，日本的成功经验可以为中国提供一定的借鉴，日中两国应该在环境保护方面共同努力、一起改善。

最后，我还要说的是，近年来，我发现中国人或多或少有一些反日情绪，日本也出现了一部分对中国没有好感的人。这些现象都令我感到深为痛心，也令我深刻地认识到，日中间要不断进行交流，加深理解、消除误会。

17 经营者要能凝聚人才实现共同梦想

访日本GMO INTERNET集团董事长兼总裁熊谷正寿

2013年6月24日，记者一改往常提前10分钟到现场的惯例，提前一个小时前往本次的采访地——日本GMO INTERNET集团。

这一个小时里，记者在GMO INTERNET总部大楼，逐一观看了集团提供的福利设施。这里，有可以接纳0到3岁儿童的社内托儿所，年轻的爸爸妈妈因此得以安心上班；这里，有24小时全日制提供免费餐饮的交际空间，"专注"IT的员工被"饥肠"唤醒时可以随时就餐；这里，有催眠曲与安神香相伴的午睡床，提供30分钟的小憩场所；这里，还有专业的按摩店，放松肌肉迎接下一场挑战。该集团董事长熊谷正寿告诉记者：这些员工福利只是一种条件、一种环境、一种氛围，其目的是让优秀的人才聚集，拥有同一个梦想，向着同一个方向努力。

日本GMO INTERNET集团董事长兼总裁熊谷正寿

创业理念是造福社会收获笑容

《日本新华侨报》：在变化最为激烈的日本IT业界，您的集团处于业界的主导地位。能够做到这一切的关键，或是说创业理念是什么？

熊谷正寿：作为代表日本IT业界的综合性集团，我们的创业理念是让所有的人都可以用上因特网，为顾客提供让其欣喜的服务。具体说来，我们提供的服务有四个方面：第一、网络基础设施。特别是域名、服务器、电子商务、决算、安全等该领域，我们的市场份额占据全日本第一；第二、为各大网络媒体扩大点击率；第三、网络证券交易；第四、为智能手机开发应用软件和游戏软件。通过这四大服务，造福社会，收获笑容。这，就是我们集团的终极目标。

经营者的忍耐与承担至为关键

《日本新华侨报》：刚才，我在集团的食堂、托儿所等地方，都看到一些憨态可掬、形态各异的小熊图案，这是你们集团的吉祥物吗？和您名字里的"熊"字有什么关联？

熊谷正寿：真让您说对了。我们正考虑把小熊当成集团的吉祥物。一方面，的确是因为我名字里有个"熊"字；另一方面，小熊就和中国的大熊猫一样，都是让大家一看到，就会打心眼里喜欢的动物。再加上"熊"在英文中叫"bear"。"bear"还有忍耐与承担的意思。说实话，作为经营者，忍耐与承担是至为关键的。

有共鸣、技术硬的人才最受欢迎

《日本新华侨报》：人才，是决定企业发展的重要因素。作为经营者，您认为企业最需要什么样的人才呢？

熊谷正寿：对于我们来说，首先需要的是一种精神上的共鸣。只有全体同伴都能拥有一个梦想，都能向着一个方向努力，这个公司才会发展起来。

其次，我们需要的是过硬的专业技能。我们所提供的服务，都是自己开发制作的。要想在同领域获胜，就要能自己开发、生产出好的系统和软件。在我们现在超过3,200名的同伴中，有1,000多名都是电脑工程师和设计师。优秀的工程师与设计师创造出新的价值，通过培养他们让企业发展。我们把工程师和设计师都当成企业的宝物，形成了尊重他们的氛围。

让员工感到自豪才能留住人才

《日本新华侨报》：IT公司的人才流动、准确地说人才流失是比较令人头痛的。那么，在确保优秀人才方面，集团有哪些具体措施呢？

熊谷正寿：我认为，要想确保优秀人才，最关键的条件，就是看这个公司能不能造福社会。如果一个公司拥有明确目标和梦想，能为社会带来利益，让大家满意，就自然会唤起优秀人才的共鸣，让他们自豪。仅凭不断的加薪与丰厚的福利，是留不住人才的。

企业创造利益固然重要，但获利不是我们的目的，只是我们努力所带来的必然结果。能否让员工对自己的公司，对自己提供的服务感到骄傲和自豪，才是一个公司吸引、留住人才的根本。而公司的本身环境、内部福利等，只是一些附加品。有呢，当然就更好。

能让笑容循环的才叫"成功人士"

《日本新华侨报》：在人们眼中，您与日本软银的董事长兼总裁孙正义、乐天株式会社的创建者三木谷浩史，是同时代的具有代表性的企业家。在您看来，成功人士有没有什么共同点？

熊谷正寿：我个人认为，大家公认的"成功者"，他们并不一定都感觉自己是成功者。但是，"被看作成功的人"还是具有一些共同点的。这就是他们都拥有一个很大的梦想，并且能坚定地为实现梦想而努力。

无论是软银的孙正义，还是乐天的三木谷浩史，他们与我的共同点，就是都拥有自己的梦想，并且相信这个梦想能够为社会做贡献，能够给人们带来笑容。这样的梦想，也必定会引起同伴的共鸣。

如果我们能提供业界第一的服务，顾客就一定会露出满意的笑容；如果能收获顾客的笑容，我们就一定会给予同伴肯定与嘉奖，他们也会面带笑容地投入到工作中。顾客满意，同伴努力，自然就会为公司带来利益。最后有了利益，股东们也会露出笑容。

被称为"成功人士"，最起码要能做到为实现梦想不断努力。

"梦想记事本"设计者谈圆梦

《日本新华侨报》：最近，中日两国的年轻人都出现了只拿手机不拿记事本的倾向。作为畅销的"梦想记事本"的设计者，您对此怎么看呢？

熊谷正寿：在我看来，无论手机还是记事本，都是有必要携带的。现在就可以给你拿出来看看，我日常同时使用到三部手机和电脑，但却用

"梦想记事本"来管理自己的人生。

手机和电脑，主要是用来和外界沟通与联系的，同时具备便捷的检索功能。而记事本呢，放在自己手里，可以记录信息，不断地翻阅，还可以迅速唤醒个人的记忆，帮助人脑在瞬间整理出大量的信息，这是提醒装置，是智能手机和电脑所做不到的。

时常将"梦想记事本"带在身边，是为了不让自己在不知不觉中忘记梦想，是为了激励自己付出行动实现梦想。事实上，你记起梦想的次数越多，对别人说出的次数越多，为此付出的行动越多，就越容易接近梦想，并最终实现梦想。

只要目标不变可以朝令夕改

《日本新华侨报》：从高中辍学去创业，再到今天，您所走过的人生，可以说是峰回路转、波澜壮阔。回顾走过的道路，您认为自己的人生转机出现在哪个阶段？

熊谷正寿：的确，我和大多数人相比，人生轨迹确实有些不一样。但我并非是追求与众不同而与众不同的。

我有自己的梦想，我相信自己的梦想。为了实现梦想，我不会特别在意大多数人的价值观。我所在意的，只是怎样能以最快的速度、最好的方法来实现梦想。

有一个来自中国的成语，叫做"朝令夕改"。这个词，不管是在中国还是在日本，都是一个贬义词。形容那些经常改变主意和主张的人。而在我看来呢，作为一名经营者，要在这样一个瞬息万变的信息时代运营一家企业，只要不改变梦想和目标，因为信息的变化而不断做出调整，"朝令夕改"也可以。

如果我没有中途辍学，而是跟大多数人一样，按部就班地从大学毕业、就业，这样的人生可能对社会并不会做出很大的贡献。但是，现在我通过自己创业，能够为社会提供很多便利的服务，我认为自己当初的选择是正确的。人有权利去追求自己的梦想，这种梦想不应该只为自己，当给人带来越来越多的笑容时，这才是实现了梦想。

最尊敬的人是父亲

《日本新华侨报》：在过去的50年间，您最尊敬、对您人生影响最大的人物是谁？

熊谷正寿：是我的父亲！虽然我与父亲也有过很多摩擦和一些不愉快的记忆。但父亲教会我很多东西，让我受益终生。我非常非常尊敬他。

《日本新华侨报》：在您决定辍学的时候，有没有遭到父亲的反对？

熊谷正寿：当年，我是以全校最高分考入国学院高中的。所以无论是我父亲还是学校的老师，对我的期望都很高。他们没想到我会变成该高中第一个中途辍学的人。

我等于是背叛了大家对我的期望，也令我父亲比较失望。不过从结果来看，我当时的决定还是正确的。

深化中国"缘"

《日本新华侨报》：我们知道，贵公司在中国有很多分公司。您去过几次中国？对中国有什么印象呢？

熊谷正寿：我去过很多次中国。有的是个人旅行，有的是因为业务。

在2002年，我还曾应中国共产党全国青年联合会的邀请，前往中国做公开演讲。那次的经历令我印象深刻。

目前，我们在中国有数家分公司，大约50名同伴在努力工作。在中国的IT业界，我有个交往很深的朋友，就是360的创始人周鸿祎。从他在雅虎中国供职时，我们就认识了。

我还特别喜欢吃中国菜，每周至少要去吃一次的。这些，可能都深化了我与中国的"缘"。

集团的托儿所让员工可以安心工作

采访后记：采访结束的时候，我们一起到集团大厅的入口处合影留念。不经意间，记者看到美国《新闻周刊》刊登的采访熊谷正寿董事长的封面，这才知道他还是一位叱咤世界IT业界的风云人物。对了，他的《记事本圆梦计划》的中文版已经在中国大陆流行起来。

18 要培养日中两国年轻人做IT人才

访日本克拉在线公司总裁家本贤太郎

1996年，一名意气风发的14岁日本少年，因为一次失败的脑肿瘤手术无法站立，开始了不幸的轮椅生活。行动不便的他通过刚刚兴起的互联网畅游世界，也从此打开了上帝留给他的另一扇窗。

自助者天助。这名少年创建公司"克拉在线"，成为日本历史上最年轻的企业总裁。与此同时，这位"轮椅总裁"也奇迹般地恢复了运动神经机能，以其异于常人的经历，开始了无异于常人的生活。

日本克拉在线公司总裁家本贤太郎

2013年4月26日，记者对"克拉在线"总裁家本贤太郎进行专访。他说："我要以自己微薄的力量，在日中两国年轻人里培养出更多的IT人才，让他们共同创造互联网世界的未来。"

十多年前预见互联网改变世界

《日本新华侨报》：你曾经历过一段时间的轮椅生活，在克服很多困难后，创建了自己的公司。你为什么会在康复后选择创业呢？

家本贤太郎：读初二那年，一次失败的脑肿瘤手术导致我无法行走。但因为有了网络这个世界，就算我在病床上躺着，也能一直和很多人保持联系。我主要是通过和年龄相仿的人互发邮件成为朋友的。现在我公司的副社长，就是我15岁时认识的朋友。网络把我和年龄相仿的朋友们联系在一起，至今依然保持着交流。

当时我就想，如果没有互联网，就这么一直躺在病床上或坐在轮椅上，会渐渐看不清人生方向。幸亏有了网络这个世界，让无法行走的我和世界上所有人联系起来。在离开轮椅后，我参加了很多体育活动又认识了不少朋友，我发现社会上需要网络的人很多。

为此，我决定要用网络来报恩。网络世界既然对我有这么大作用，对其他的人来说应该也一样。

我创业是在1997年，那时日本还没有普及互联网，虽然当年我没想到互联网的发展会如此神速，但我已经有了强烈的预感，今后，全世界都将离不开互联网，互联网迟早会改变世界。

"安倍经济学"追求的是短期效益

《日本新华侨报》：我了解到，你祖父是日本著名的经济学家。你创业有受到过他的影响吗？日本首相安倍晋三自执政后，推出了被称为

"安倍经济学"的一系列政策。作为日本年轻的企业家，对于"安倍经济学"，你是如何考虑的？

家本贤太郎：事实上，不仅我祖父是经济学家，我父亲也是经济学家。有意思的是，我祖父是研究美国经济的，我父亲是研究苏联经济的。虽然研究领域和研究方式不同，但世界上所有的经济学家，都在挑战着一个事情——能否为人类做出贡献。虽然大家的研究道路不同，但目标是一致的。

从祖父和父亲身上，我学习到经济研究必须长期坚持才能有所成就。做生意也是一样，能否顺利发展绝不是短期可以看出来的，这需要通过长年的考察和探索。与客户的交往也是一样，需要长期的接触才能彼此了解。如果没有牢固的信任关系，合作也无法继续下去。所以我自创业后从不追求短期效益。在这一点上，可以说，我的确是受到了祖父、父亲的影响。

安倍政权的一些经济政策非常短视，是在追求短期效益。这些政策就是不管今后能否稳定发展，先赚个一二百万日元再说。

我现在30多岁，以后至少要工作到65岁。也就是说，我们这代人至少还要和日本经济打30年交道，而安倍这些政治家的年纪和我们不一样。"安倍经济学"会有什么效果不好说，但我在意的是日本经济更长远的未来。从这个意义上说，我们需要的不是短期效益，而是日本经济长期稳定的发展。

进军中国市场不可轻言放弃

《日本新华侨报》：你的公司的目标是成为亚洲第一互联网服务平台，如今正朝着这个目标不断加快进军海外的步伐。你如何看待中国互联网市场的发展状况？

家本贤太郎：不管是中国互联网市场，还是日本互联网市场，都有自己独特的地方。虽然全世界都在使用互联网，但因文化和发展历程不同，互联网在各国也都呈现出不同的特征。中国互联网的发展速度特别快。而且发展方式很独特。我觉得这是日本应该学习的地方。

为了拓展中国市场，我现在基本是一个星期在东京，一个星期在北京。我们公司的业务不仅要在日本发展，更要在中国发展。2009年，我们开始为中国客户提供技术，后来又提供技术支持。2011年，我们在中国成立了有法人资格的公司，现在大约有20多名员工，大部分是20多岁的中国年轻人。

《日本新华侨报》：经常有在华日企反映，在经营方式上，中国和日本存在太多不同。对此，你有何感觉呢？

家本贤太郎：我们并没有把日本的做法原封不动地直接搬到中国去。有日本客户在中国使用互联网服务时反映，怎么有一些地方和日本不同。我们就告诉日本客户，中国互联网有哪些特点。同时告诉中国的合作伙伴，日本互联网是什么样子的。这就相当于在做互联网界的"翻译"。如何让日中两国的互联网服务有效链接，是我们拼命考虑的课题，也是我们的信念。

其实，我们也曾有过很困惑的时期。2006年，我们在大连建立了事务所。大连是一个开放、信息很发达的城市。大连事务所成立后，我们以为可以找到很多与互联网相关的商机，但事实并非如此。

由于对大连产业结构判断失误，我们一度产生了要放弃中国市场的想法。就像现在有些日本企业说要放弃中国市场时一样，把什么"很辛苦""中国不适合发展"等挂在嘴边上。但当我们正准备退出中国市场时，有中国职员跟我说，不要轻易放弃中国市场，多了解一些中国，再挑战一次吧。最后，我们打消了放弃的想法，重新出发，把新事务所转移到北京，终于顺利发展到现在。

中国员工的效率与责任感令人感动

《日本新华侨报》：进军中国市场这么多年，让你感触最深的事情是什么？

家本贤太郎：中国员工的办事效率和责任感，经常令我非常感动。有一次，我需要在很短的时间内，迅速凑齐30个产品。我也知道这存在一定难度。但大家二话不说地马上行动，很快就凑齐了这个数目。

这种事要是发生在日本，日本的员工通常会说，"不好意思，这件事情今天一定是来不及了"，或者说"这个事情需要花时间来解决"。而中国员工就会回答，"好，我明白了"然后立即展开行动，想出各种办法来按时完成任务。最后，看着中国员工们满头大汗地把需要的产品一件件找来，并且赶上了交货时间。我的心里啊，真是有着说不出的感激与感动。这也体现了我们之间的相互信赖。

虽然我们国家不同，但是为了客户和公司的利益，大家齐心协力办事的情景，真的让人非常感动。

我要为日中两国培养IT人才

《日本新华侨报》：我们都知道，推动中日两国青年进行文化交流，对于发展两国关系来说非常关键。有意见认为，智能手机及新型终端设备的普及，有望缩短两国距离，促进文化交流。你对此怎么看？你的公司今后在中国的发展计划是什么？

家本贤太郎：新型的电子产品让信息传播的速度不断加快。以前，需要很长时间互通的流行文化，现在只要一两个月时间就可以在两国年轻人中传播。通过这种联系，能够增强日中两国年轻人之间的共鸣，增进他们的了解。还有一个就是对于年轻的两国技术人员来说，可以共同施展才华的舞台变得更广阔，展示自己才能的方向也变多了。在一个快速的电子终端上，很多东西都可以快速联动起来。

今后，我们会长期在中国发展互联网事业。就目前的状况来看，如果不在中国年轻人当中重点培养互联网人才，随着信息社会的不断发展，未来可能出现人才短缺。日本存在这个问题，中国也同样存在这个问题。

为此，我想和中国的大学等相关机构合作，一起来培养这方面的人才。此外，中国的技术人员也需要有机会多累积一些经验，我想在这方面贡献一些自己的力量。比如，以考察、实习的方式，让他们到日本，与日本的技术人员加强交流，彼此学习等。

就整个世界的IT行业来说，技术人才都是远远不够的。而且，随着更新换代的速度不断加快，今后将更需要技术人才。我愿以自己微薄的力量，在日中两国年轻人中培养出这样一批人才，让他们共同创造互联网世界的未来。

⑲ "为促进日中友好我愿意随时效力"

访株式会社皮乐的创始人布川郁司

辞去已无年少日，羁绊永结少年心。连载了15个春秋的《火影忍者》，在2014年11月宣布完结，令上千万中国动漫迷们为之挥泪。11月12日，《日本新华侨报》记者走进日本动漫圣地——株式会社皮乐，采访该会社的创始人，也是日本动画界的掌门人、《火影忍者》之父布川郁司。

株式会社皮乐的创始人布川郁司

中国出现盗版也有我们的责任

《日本新华侨报》：外国动漫在进军中国时，经常会遇到版权问题，也有部分盗版横行于世。站在您的角度，是如何看待这个问题的？

布川郁司：会出现这样的问题，我们也要为此负责，中国是经济大国，但我们却没能预想到中国会有这么多的日本动漫粉丝。

盗版，其实也可以看作是中国的粉丝们对我们作品的肯定与宣传，当然这也令我们损失不少，所以说有好的地方也有不好的地方。中国的动漫界也曾向我们"抗议"过，说是在中国这样一个经济蓬勃发展的国家，居然找不到我们作品的签约正版，所以才不得不制作盗版。其实他说得也不是全无道理，我们出于反省，在今年成立了皮乐中国公司，计划和中国的动漫公司正式签约，出口正版。

日本是个动漫大国，不断有新作品问世，但日本的儿童人口却在减少，也就是说，我们的客户群正在缩小，因此更有必要将作品向外推广，发掘更多的市场，今后会不断向中国市场推出好的作品。

只有日本能做到每周连载漫画

《日本新华侨报》：如今，"ANIME"这个单词已经成为世界共通语。作为日本软实力的动漫，扩大了日本的知名度，也是日本的一个强有力的名片。对于日本动漫作为文化现象传播海外，您是怎么看的？

布川郁司：日本有独特的漫画文化，每周一发行《周刊少年 JUMP》、每周三发行《周刊少年Magazine》和《周刊少年 SUNDAY》等，这些周刊漫画加在一起的发行量在600万册子左右，垒在一起的高度估计超过富士山。虽然说世界各国都有漫画，但仅仅一周就有这么多的漫画更新，估计也只有日本能够做到了。从文化的角度来看，这是日本独有的漫画文化。由于有漫画文化支撑，日本的动画界才会如此繁荣，才会在全球范围内产生影响，在世界各国都拥有粉丝。

经常有外国人说，日本有一个奇特的现象，就是每周一的电车里，无论是西装革履的成年人，还是穿着校服的青少年，手里都捧着一本《周刊少年 JUMP》的漫画杂志在看。

《周刊少年 JUMP》是通过大众投票决定刊载什么作品，而动画界的竞争则更为激烈，好坏都由收视率决定。收视率高的，才会拥有赞助商，才会有收益。

而且，日本的动漫是有分类的，比如《哆啦A梦》《面包超人》等，就是面向儿童的，《海螺小姐》等就是面向家庭的，还有一些近年来新出现的，针对宅男宅女的。总之，大家都能找到自己喜欢的动漫看。

而且网络世界的普及，也令信息能够全球同步化，有些日本动漫还没等出口，就在国外拥有了粉丝，大家都是通过网络了解到的。今后，我们所要面临的课题，就是如何利用网络扩大作品的影响，产生收益。

浮世绘是日本漫画的原点

《日本新华侨报》：日本的动画片，应该是从"二战"结束后才发展起来的。而日本漫画则在很久以前就有了。您能给我介绍一下日本漫画的历史吗？

布川郁司：日本漫画的原点，是江户时代的浮世绘，然而在明治时代未能受到重视，被当成了陶器等的包装纸，倒也因此被一些外国人带到了海外，还对印象派画家梵高等人的创作产生了影响。

说到日本漫画的发展，就不得不提手冢治虫。当时的漫画家都希望作品能够变成动画，最初的动画制作公司，也是由漫画家们成立的。漫画与动画，始终都是联动的，漫画催生了动画的发展，动画推进了漫画的影响。这也是日本独有的现象。

万国通行的动漫其实不多

《日本新华侨报》：日本的动漫在传入其他国家后，很快就会被"本土化"，比如哆啦A梦在中国的爱称是"蓝胖子"，到了美国最爱吃的东西就由铜锣烧变成了披萨饼等。您对这种现象怎么看呢？

布川郁司：是的，根据国家、地域的不同，日本的动漫会被不同程度的改变，这不仅是在中国和美国。在伊斯兰国家，动漫人物的着装也会变得很"保守"。但事实上，粉丝们真正接触原汁原味的日本动漫，大多是通过网络和卫星电视的。

能够顺利通过各国的严厉审核，做到万国通行的日本动漫并不多，大约就是《哆啦A梦》《面包超人》《蜡笔小新》和《樱桃小丸子》这几部吧。

我喜欢《喜羊羊和灰太狼》

《日本新华侨报》：您看过中国的动漫吗？最喜欢哪一部呢？

布川郁司：我曾受邀担任上海电视节动漫部分的评委，因此看了很多部中国动漫，印象最深的是《喜羊羊和灰太狼》，我给它投了一票。在动漫的艺术处理上，现在的中国和日本的水平差不多。由于日本的动漫界竞争激烈，因此在情节的紧凑方面和人物的个性魅力上会更下功夫，毕竟积累了半个世纪的经验。在这一点上，或许会为中国的动漫提供一点参考和灵感。

我访问过很多家中国的动漫制作公司，在技术方面，他们并没有明显地弱于日本，一些动漫专业的中国学生的手绘能力，甚至远远超过了日本漫画家。如果时代感好的话，就又会加分。

中国动漫业还需要一个过程

《日本新华侨报》：像我们这一代人，都是看小人书长大的。但现在活跃在中国动漫界的人，几乎都是看着日本动漫长大的，所以他们的审美和日本很相近，比如动漫人物的眼睛一定要大，等等。因此，有意见认为，中国的动漫制作人还停留在模仿阶段，无法超越日本动漫。对此，您怎么看？

布川郁司：我很早前曾参观过历史悠久的上海美术电影厂，我年轻的时候，看过不少那里出品的有水墨画特色的动画片，所以在参观时很受感动。但现在，那里正在走下坡路，因为出品的虽然都是具有很高艺术性的动画片，但是不符合时代和市场的发展趋势。

最近几年，中国各大城市都积极打造动漫基地，我也曾多次受邀去大连等城市的动漫基地。但遗憾的是，成功的例子很少，我听说后来都集中到北京了。

中国政府也在大力推动中国动漫业的发展，鼓励他们向日本"取经"。然而动漫业，不是两年、三年就能够有所发展、有所突破的，这需要一个长期的积累过程，没法做到立竿见影。其实日本的动漫业也有过高低潮，经历了各个阶段才走到今天。

我的建议是，要让日中两国的动漫制作人更多接触，建立信赖关系，深入交流，亲临制作现场等，用嘴来传授经验，总是比不上实际感受、实际操作。

日中两国动漫人是紧密联系的

《日本新华侨报》：最近一两年间，中日关系陷入了自恢复邦交正常化以来的最低谷。这对中日两国的动漫交流有什么负面影响吗？

布川郁司：据我了解，日本的动漫制作人没有受到这方面的影响，对于中国也没有什么不好的感情。或许日本动漫作品在中国市场的推广，多少会有些滞怠吧，中国可能不希望过多推广日本因素等。

现在，日本的不少动漫都由中国承包制作，所以说既是日本的动漫，也是中国的动漫。我们公司从前就有过一名来自山东的中国动漫人，他参与了《火影忍者》原作的绘图工作，在回到中国后，成为很多粉丝心中的英雄。我是和他一起去的中国，所以亲眼看到有很多粉丝来迎接他，很是震撼！

所以说，日中两国的动漫人，在制作现场是紧密联系的，我们建立起来的个人感情，不受日中两国大局性关系的影响。

"火影之父"谈火影诞生之谜

《日本新华侨报》：众所周知，你是"火影之父"。《火影忍者》由漫画顺利改编成动画，是否因为有一个好底子呢？最初，你为什么选中了

《火影忍者》的漫画？你觉得它和其他日本动画相比有什么独特的魅力？

布川郁司：《火影忍者》的漫画，原本是连载在日本销售量最大的漫画杂志《周刊少年 JUMP》上的，很有人气。当时，有很多家动画制作公司都想要将其改编成动画，最后，是我们公司从激烈的竞争中脱颖而出了，因为我们公司出品的作品评价特别高，也因为我们对工作的热情。

日本动画走出国门比较早，其中也有很多风靡各国的作品，获得了极高的评价。《火影忍者》的独特魅力，在于它是以日本的忍者为原型的。日本的忍者，就和中国的《西游记》差不多，在全世界都有一定的知名度，甚至可以说是家喻户晓。而且，《火影忍者》的世界，是一个虚构的世界，那里有着特殊的世界观，因此被全球范围所接受。

日本动画业将成为下一个迪士尼

《日本新华侨报》：动画在日本动漫走向发达的过程中功不可没，现在随着新技术的不断发展，日本动画界是否也面临着危机？可以具体说一下吗？还有评论称日本的漫画业正在走向衰落，你觉得是这样吗？如果是，造成这一情况的原因是什么？

布川郁司：虽然日本的动画片大多是数码制作，但其原作都是手绘，手绘设计也是日本动画的特征之一。因此，就有必要开发出能够充分展现手绘设计的数码技术。我相信，在不远的将来，动画基本上就都可以利用数码技术来制作了。

目前，发行量下降的只有周刊漫画，但单行本漫画的发行量没有下降，再加上电子书籍等，可以说，漫画业还没有出现衰落的迹象。不仅如此，日本平均每年制作的电视动画片数量正在呈现出增长的倾向。

《日本新华侨报》：与世界卡通巨头迪士尼相比，日本动画业的区别和差距在哪里？

布川郁司：和迪士尼相比，最大的差距就在于资金力量悬殊，而且迪士尼在全球范围内都拥有自己的电影和电视媒体。因此，无论是电影制作还是电视制作，其预算规模都比日本要高出好几倍。这是迪士尼强势的地方。说实话，我很羡慕啊。不过，有了网络这一新媒体，将来，日本的动画业也有可能成为未来的迪士尼。

《火影忍者》不会就此结束

《日本新华侨报》：《火影忍者》15年物语在本月宣布完结，惹众多中国粉丝挥泪告别。在这15年间，《火影忍者》影响了他们的成长历程，时刻牵动着他们热血的心。您在这里能否对中国的火影粉儿们说几句话？

布川郁司：虽然《火影忍者》的漫画连载结束了，但动画还会持续播出。我们正策划制作《火影忍者》少年时代的物语。请大家放心，《火影忍者》不会就此结束！

如果我们制作的动漫作品，能够为日中两国的年轻人提供交流的契机和话题，能够促进两国的相互了解，那我们将不胜荣幸！

采访后记：在采访结束后，记者依照惯例，请布川郁司题字，他写下了"动漫推动时代"这几个字，并且随手附送了一个漫画家赤冢不二夫创造的漫画形象——会说话的毛毛虫的手绘。在临走时，他再次对记者表示，"为促进日中友好，我愿意随时效力！"

20 "亚洲人的美容应由亚洲人来做"

访日本Sapho诊所所长白壁征夫医生

"整容之旅"是近年来中日两国之间流行的一个新词汇，指的就是中国游客办好短期的旅游签证，到日本接受整容手术。

日本Sapho整容外科诊所所长白壁征夫医生是日本整形外科界的权威，有"神手"之誉。他是国际美容整形外科学会教授、美国整形外科、美容外科学会会员，还是日本美容外科学会常任理事。他拿手的面部整体提升术、独创的白壁隆鼻手术在日本首屈一指。他还曾在1986年获得过美国整容外科界的"奥斯卡"沃尔特·斯科特·布劳恩奖。

近日，日语版《人民日报海外版日本月刊》和中文版《日本新华侨报》记者联袂走访位于东京六本木的Sapho整容外科诊所，对白壁征夫所长进行专访，聊一聊"面子"问题。

妙手回春不是梦

《日本新华侨报》：您是国际公认的整容外科专家，也是日本拉皮手术方面的权威。日本人是如何接受拉皮手术的，请您讲讲这个过程。

白壁征夫：抗老化手术这个词现在已经渐渐为人所知。20年前，根本没有人知道这个。1986年，我在美国美容外科学会发表了"适合东亚人的拉皮手术"，获得了沃尔特·斯科特·布劳恩奖。那时，美国人就问我为什么日本人长得如此年轻，还需要拉皮手术呢？而现在来我们诊所的人有将近三分之一的患者是来做抗老化手术的，有人为面部拉皮，还有人要求提升胸部线条。因为人老了，面部、胸部等地方的线条都会下垂。以前整容，人们喜欢整五官，想彻底改变容貌。现在大家更希望做这种"回春术"。

《日本新华侨报》：随着经济发展，人们开始有整容的需求是很自然的事情。中国就是如此。不过20年前的日本正处在泡沫经济时期，而日本人怎么会从那时开始关注再现青春问题？

白壁征夫：这个问题提得非常好。在泡沫经济时期，日本经济状况的确不好，但是人口却呈倒三角形，也就是说，老人很多。而且在泡沫经济中发财的人其实都是年纪大的人。他们有了财力，自然希望通过医学手段让自己更加年轻。"面子"问题就变得重要起来了。

让亚洲人为亚洲人做整容

《日本新华侨报》：我们知道，美国在现代美容医疗技术上是领先的。日本的整容技术在世界上处于什么位置呢？日本整容界有哪些课题？

白璧征夫：20年前我去美国，那时候和美国比起来，亚洲的整容手术还比较落后，连手术标准都是基于欧美先进国家制定的。但是近10年来，亚洲美容业取得了巨大的发展。从前美国人都认为东亚人不会花钱去做外科整容手术，现在的情况却正好相反。亚洲经济越来越强大，做整容手术的人不计其数。所以现在业界的目标也变了，大家都在思考，东亚人的手术应该如何做？以前想要追上白人医生的水平，现在我们自己思考如何做东亚人的手术。从前还有美国医生对东亚人整容有疑问，现在这在全世界都成了理所当然的事情。

日韩两国医生有观念差别

《日本新华侨报》：有调查表明，中国希望在本国做整容手术的人不少，但是由于各种原因，大家的第一想法是去韩国做手术。请问业界如何看待韩国整容外科的技术？

白璧征夫：其实韩国医生们一开始也是去美国学习，但是回来以后就发现西洋人和东洋人的脸是完全不同的。现在，日本的医生和患者理念一致，都认为整容效果越自然越好。而韩国医生却认为，没有大变化的整容手术没有意义。在这一点上，韩国和日本是有很大不同的。我常常去韩国和一些医生交流也比较了解。有一些在韩国接受过手术的患者还来我这里，我发现他们自己其实并不希望改变那么多。

其实随着手术的发展，人们的观念也在发展。我的前辈，在二三十年前做手术的时候，患者都直接说希望有一张西洋人的脸。垫鼻子、整眼睛、垫下巴这一套手术下来，大家都成了同一类型的"整容脸"。结果却造成了"撞脸"。连警察都很无奈，根本分辨不出不同的人。这样的手术我们做了许多年。产生了不少"整容美女"。但是现在不同了，大家开始喜欢柔和的线条，都希望"自然美"。

《日本新华侨报》：韩国和日本的整容技术有什么差别？

白壁征夫：我觉得技术上谈不上差别。从最基础的技术来说，整形外科手术方面，车祸、烧伤等修复性手术是医生必须要做的。其实整容外科手术本身并不复杂，哪里凹陷了就垫高哪里，都是有定数的。但是会遇到"定数"以外的问题。比如鼻子的假体掉落了，再比如隆胸假体硬化了，遇到这种情况时，就需要有整形外科手术的基础了。

我自己既是美国整形外科会员，又是整容外科会员。根据美国的规定，如果不是整形外科会员，根本就不能进入整容外科。日本现在也开始设立以整形外科为基础的美容外科，但还是存在监管不严的问题。所以，有可能昨天还是妇产科医生，今天就变成整容外科医生。整容在韩国也非常火爆，监管和准入还需要更进一步。

中国整容医生有独特优势

《日本新华侨报》：现在，中国已经有"整容美女"的选美大赛。整容俨然成为了一种时尚。根据国际美容整形外科学会的调查，中国的丰胸、双眼皮成型术等手术量达到了世界第一。有人说，整容市场的未来在中国。对于这种情况，您怎么看呢？

白壁征夫：我觉得这不是坏事。手术量大是中国特有的优势。这样说可能有些失礼，但是对医生来说，手术数量越多，技术就提高得越快。这方面中国真是好啊，而且价格又低。只要打好了基础，发展空间是很大的。另外，中国还有个优势就是患者心理。其实，日本人普遍容易害羞，不愿意让人知道自己做过整容手术。而中国、韩国的患者似乎更乐意分享，自己整得好了，就堂堂正正的宣告，甚至参加比赛。我认为，如果技术能进一步提高，中国的美容整形将成为世界第一。

《日本新华侨报》：现在中日关系处于低潮，但是，到日本做整容手术的人在不断地增多。针对中国整容市场的需求，今后日本将如何对应呢？

白壁征夫：我觉得整容的事情和政治关系不大。中国本来也有不少以杨贵妃为代表的美人，而且都对美有很深刻的认识和思考。现在去银座走一走，到处都是中国人。人对美的追求，是政治问题阻挡不了的。想要年轻、美丽、健康是人类共通的需求，这一点没有国界。不管政治家怎么说，人们仍在非常积极地追求美。越来越多的人渴望通过整容来改变自己。就是我这里，每天最少有2名中国患者。

日本Sapho诊所所长白壁征夫医生

美容整容的"美丽"也要承担风险

《日本新华侨报》：整容就是为了变美，有中国旅客来日本做两周的"整容之旅"。然而这种"美丽"是否也会有风险呢？请您谈一谈这方面的问题。

白璧征夫：这的确是个非常重要的问题。整容其实并不是迅速变美的方法。以前日本也是这样，总有人拿着明星的照片来说，请把我整成这样的。虽然我能理解他们的心情，但是一看到对方的脸就非常难办。其实整容手术是让人更年轻更美，没有办法做到完全应患者的要求，想变成什么样子就变成什么样子。一些来日本做"整容之旅"的外国患者，就让我们非常为难。一般我们诊所首先要对患者进行全面的检查，然后根据患者自己的条件和意愿商讨手术过程，在此基础上才能实施手术。拿着旅游签证来的患者，总共只有两个星期的滞留时间。有时候一周内就要接受两场手术。这不但不能保证质量，还会带来极大的风险。两周以后患者回国，一旦发生什么事情，也无法及时返回处理。我们希望来接受整容手术的患者能够先了解一些相关知识，和医生充分交流后再留出充分的时间接受手术。不要盲目武断，才能把风险降到最低。

子承父业当医生

《日本新华侨报》：您是东京医科大学毕业的，1989年正式成立了Sapho整容外科诊所，一步步成为该领域的权威。那您一开始是怎么决定要当整容医生的？

白壁征夫：其实我父亲就是整容医生，可以说我有这种DNA吧。父亲总希望我继承他的衣钵。我本来是庆应义塾大学法学部毕业的，可以说是"八竿子打不着"的学科。我在法学部上学的时候，日本经济不景气，大家很难找到工作。可是我发现父亲的事业却丝毫不受影响，患者依然很多。我当时就思考了许多，觉得整容医生是能够把自己的想法付诸实践的职业，用自己的手去创造美丽。于是我又报考了东京医科大学，在毕业后渐渐走上了这条道路。

培养年轻的整容医生

《日本新华侨报》：未来，您对进入中国美容市场有什么打算吗？您对中国的印象是什么？

白壁征夫：我去过中国多次了，常常去开会。上海、北京都去过。中国也有不少医生来日本学习。我和许多中国医生一起讨论，如何在中国开展整容外科事业。我自己也常常提供一些咨询，包括对美国整容外科方面的。我已经年纪大了，实在没精力去中国开诊所啦。但是，我有一个心愿，就是在日本要积极培养年轻一代的医生，我也非常欢迎年轻的中国医生到这里来，还是那句话，我希望亚洲人的美容应由亚洲人来做。

中国经济转型有望带动亚洲的发展

21

访日本内藤证券株式会社社长内藤诚二郎

**日本内藤证券株式会社社长
内藤诚二郎**

早在17世纪，法国那位伟人拿破仑曾说："中国是一头沉睡的雄狮，感谢上帝，让它永远睡下去吧！"2013年岁末之际，日本内藤证券股份有限公司董事长兼总经理内藤诚二郎则说："中国几经兴衰，30年前，这头沉睡的雄狮终于再次苏醒！"从1994年第一次到中国，内藤诚二郎就坚信中国会有大发展。他很早就投资中国股票，并设立了上海事务所。为此，同行向他投去了奇怪的眼光。但是，事实证明，他对中国市场的选择是正确的。在中国新领导人执政一周年时，内藤诚二郎相信，中国经济的转型，将再次带动亚洲甚至整个世界的经济发展。

近日，记者采访了这位日本证券行业的开拓者。

改善环境污染推动中国尽快转型

《日本新华侨报》：现在，中国的GDP已经超越日本，成为世界第二大国。在中国新领导人的带领下，经济发展更是稳步前进。但是，有的日本媒体认为，中国的经济已经到了极限，没有更大的发展潜力。对于中国的经济现状，您是怎么看的？

内藤诚二郎：中国已经完成了经济高速成长期的第一阶段，也就是通过量的扩大来带动GDP的增长。但GDP在增长的同时，也给中国社会带来了一些不良的影响。

现在，中国开始进入转型期，由量的扩大转变成质的提高。在我看来，如果为政者能够改善环境污染，推进国有企业改革就能更好地推动中国尽快完成质的提高。

从前，中国靠工业制品等出口，变成了经济大国，而今后，中国要面临的是扩大内需问题。中国的消费只占GDP总体的30%，而美国是60%，日本是50%。要扩大内需市场，就需要催生中产阶级，解决贫富差距问题，就需要尽可能地平均地还富于民。

美国从前也是个制造业大国，但是后来逐步将一些制造业转移到了外国，比如把纤维业转到日本等，由于抵挡不住外国的攻势，美国最后将金融业变为国家的发展支柱产业。

这样过度发展金融业的结果，就导致了2007年到2009年的世界金融危机。《华尔街日报》也曾指出，"美国是由99%的穷人和1%的富人组成的。"像这样过于失衡的财富分配，势必让国家经济无法顺利发展。

中国现在的发展，应该吸取美国的教训。很多日本人就有一种错觉，以为现在的中国就相当于40年前的日本，人民的生活水平也和40年前的日本差不多。其实，中国在参考日本经济发展道路时，只挑选好的、成功的部分学习。中国引入了当代最新的部分，发展的阶段也不断加速。就拿证券公司来说，现在中国的证券公司高层管理人才的年收入，其实已经和日本最大的证券公司高层管理人才差不多，甚至超过他们。

在日本的经济高速增长期里，有过这样一句话，说是东京都的财富就可以买下整个美国，现在，用这句话来形容中国还差不多，中国现在就处在这样一个阶段。我只希望中国不要像日本那样，遭遇泡沫经济。

直觉认定中国今后会有大发展

《日本新华侨报》： 内藤证券在20世纪90年代就进军中国，1990年12月在上海开设了第一家证券交易所。1991年7月又在深圳开了第二家，被日本同业界誉为中国股票交易事业的开拓者。您为什么能在20世纪90年代就敏锐地把目光投到中国股票上？

内藤诚二郎： 其实，没有什么复杂的理由，这都源于我的直觉。

我第一次去中国上海，是在1994年左右。正赶上上海在搞大面积的拆旧楼建新楼活动，到处尘土飞扬的，没有立交桥也没有高速公路。

我拜访的第一家中国的证券公司是万国证券，也就是申银万国证券的前身。地点是在一所中学的后面。

我印象比较深的，是万国证券的总公司里，摆放着一个建筑模型，那是万国证券正在准备中的，未来的总公司。我当时就想，不愧是中国，有大气魄。

在上海，我看到路上的行人也都表情生动，充满活力。整个城市和城市里的人，都给我一种积极向上的感觉，让我直觉认定这个国家今后会有大发展。有大发展的地方，就值得投资。事实上，我的直觉也被证实是对的。

当时的证券界前辈们听说我要在中国投资搞证券，眼睛里都浮现出了讥讽的笑，那意思是说，"去中国？你还是趁早回来吧。"在香港回归后，也就是1997年以后，他们再看到我都是一脸急切，认真地追问我，"中国情况怎么样？怎么样啊？"

那几年我平均每年要去两三次上海，每次去都能看到这个城市有新发展、新变化。20世纪90年代后期，我感觉上海就快要赶超大阪了。不久，就感觉上海真的把大阪比下去了。又过几年，我觉得就连香港也比不上上海，到了最近，上海已经有了凌驾于东京的势头。

不会上网却精通网络经营

《日本新华侨报》：日本在20世纪80年代，中国在90年代分别普及了网络，之后网络的飞速发展几乎改变了投资环境。您自身也有海外开展业务的经验，相信您对全球化一定有自己的见解。请从全球化的角度评价一下网络的功过。

内藤诚二郎：实在不好意思，我是我们公司唯一不会上网、不会玩电脑的人，但恰恰是我提出让公司开展网络经营的。我充分认识到了网络的巨大作用，同时我也认为，人与人之间的关系是靠面对面的交流建立起来的，只依靠网络构筑的人际关系是不健全的。正是因为缺乏人际交流，现在融不进集体里的年轻人不断增加。这样无法形成一个好的团队。

另外，由于网络普及，信息爆炸式增长。在全球化风潮下，世界正在走向同一化。所以无论好的坏的新闻，都很快传遍世界。根本没必要传播的信息也在传播，"好事不出门，坏事传千里"。网络传播快当然有好处，但是也给世界带来了不少混乱。

今后还会在中国稳健开展业务

《日本新华侨报》：秉承着"从日本到亚洲，从亚洲走向世界"的理念，贵公司已经走过了80年的发展路程。您对公司的未来有什么打算？以后在日本和中国、美国计划如何发展呢？

内藤诚二郎：今后我们还会在中国更加稳健地开展业务。中国已经是亚洲最大的经济体，在朝占世界经济一半的方向发展。

我们主要在日、美、中三国开展个别业务，除此以外的亚洲国家，如在东盟国家等，我们只做基金业务。把投资发展良好的企业的股票引入日本，介绍给日本的投资者。虽然说富裕阶层处于低成长的状态，但日本企业中，也有能乘着时代的东风发展起来的。然后我们再把这些企业的股票介绍出去。

美国由于开放的移民政策，人口仍然保持增长。有不少人预测中国经济将取代美国，我倒认为美国经济即使不再增长，也不至于倒退。现在中国在重新修订独生子女政策，将来如果能将人口稳定在7亿到8亿，经济就能得到高质量的发展。

以后我们也会向日本投资者推荐中国股票，但如何选择还是看客户自己的需要。

担心靖国参拜影响日本经济

《日本新华侨报》：2013年12月26日，日本首相安倍晋三前往靖国神社，进行了"闪电式参拜"，此举招致中、韩、美等国的严厉批评，日本经企界人士也担心会受波及。对于安倍晋三的行为，您怎么认为？

内藤诚二郎：我认为，他就不应该去。去靖国神社参拜，是为了追悼那些为国家牺牲的人，这种解释只在日本国内行得通。让那些为了建设一个新国家，在明治维新里牺牲的人，和那些发动对外战争的A级战犯一起接受参拜，实在是欠缺考虑。

其实，我也担心这次参拜会不可避免地给日本经济带来影响，不希望发生像2012年那样的抵制日货行动。现在也只能静观了。

日中两国关系，唇齿相依。无论是日本的民间企业，还是中国的民间企业，都希望积极开展合作。今年，中国的经企界大腕们来访日，日本的经团联等也去访华了，大家都在努力推进日中两国的经济交流。

在首相参拜靖国神社后，日中两国的经企界都意识到要有所行动了。

民间交流是日中两国关系的基石

《日本新华侨报》：最近，中日政治关系比较紧张，这也必然影响到两国经济关系。去年，中日两国间的民间交流状况似乎也不容乐观。您认为中日两国应该如何改善关系呢？民间层次的交流能否为改善两国关系做出贡献？

内藤诚二郎：民间交流要更加踏实稳妥。企业、文化艺术界等要更多的创造交流渠道。以此为基础，两国的政治外交才会相互信任相互理解，才能有深层次的交流。希望民间交流活跃起来，为两国关系做出贡献。

去年民间企业交流可以说是在原地踏步。中国发生了许多起抵制日货打砸店铺的事件。虽然如此，汽车产业由于直接面向消费者，最后还是恢复了出货量。以后，为了追求更低的租金，制造类工厂可能从中国向缅甸等地移动。

另外，由于人民币和日元的汇率变化，工厂还有可能迁回日本。日元贬值的情况下如果还在海外增设工厂，与在日本国内建厂相比，贸易收支并没有大幅增加。

今后的5年、10年，世界将发生很大的变化，建厂的地址绝不只是中国、日本，经营理念要随着时代的变化而变化，落后于时代的企业必将被时代淘汰。

22 中国的经济发展已经开始由量到质

访日本亚洲投资公司社长细洼政

日本亚洲投资公司社长细洼政

日本亚洲投资公司(JAIC)成立于1981年，以培养新产业和支援产业活性化为经营理念，通过资本运作致力于日本和亚洲各国的投资交流活动，投资区域遍及日、中、韩及东南亚各国，也在美国展开投资活动。在经历了1997年亚洲金融危机、2007年美国次贷危机、2008年全球金融危机后，该公司将战略重心放在中国市场，在北京、上海、沈阳、天津、苏州、香港、台北等地都设有分公司和办事处。2013年2月13日，日本亚洲投资公司社长细洼政在接受《日本新华侨报》采访时特别强调，这种战略布局代表着未来走向，在迎接东南亚各国加快经济成长步伐、完善投资环境的同时，抓住规模巨大的中国市场商机才是关键。

敬佩中国人的适应能力

《日本新华侨报》：我了解到，您有长年的海外工作经验，曾在东南亚多个国家实地生活与工作。您能谈谈对各国华人华侨的印象吗？

细注政：大约是在20年前，我去了菲律宾，10年前去了新加坡，2年前去的中国。在北京生活的时间相对比较短，只有一年零三个月。可以说，每个国家的华侨华人都有自己的特色与优点。

在我看来，新加坡可以完全说是一个华人的世界。那里的华侨华人看上去都充满自信，与菲律宾的华侨华人明显不同。在菲律宾，由于华侨华人无法完全打入政界，存在感上要逊色于新加坡。不过，菲律宾的华人华侨总数虽然不多，但该国经济的六成到七成左右都掌握在华人企业手里。

人们习惯把菲律宾、新加波、泰国等和中国大陆、台湾、香港一起，统称为"中华圈"。不过，据我的观察，这些国家华侨华人的商业模式与中国大陆还是有很大区别的。中国人最令我敬佩的一点，就是适应能力特别强，可以很好地融入到各个国家与社会当中。我在菲律宾、印度、泰国等国家都接触过不少华人，他们对我都很友好。很不幸，历史上日本曾经做过对不起亚洲各国人民的事，在我与新加坡华人交谈时也出现过这样的话题，对方说自己的亲人曾经被日本人伤害过，这让我感到尴尬和难过。另一方面，由于新加坡是借鉴日本战后发展模式发展起来的，所以在经济方面，他们还是对日本给予了很高的评价。

中国已由"世界工厂"转换为"世界市场"

《日本新华侨报》：2012年，中国超越美国，成为日本最大的贸易对象国，中国的经济发展对日本的影响正在逐年增大。但是，有部分日本媒体持"中国威胁论"或"中国崩溃论"。您是如何看待中国的投资环境的？

细注政：对于日本企业来说，中国已经从一个有着丰富的优秀劳动力的巨大的"世界工厂"转换为不断发展的巨大的"世界市场"。对于外国企业，特别是日本企业来说，在中国建立出口产品基地相对容易，但是要在中国运营生产、销售基地或售后服务基地，则比较困难。为什么这么说呢？因为要想在中国国内成功，就离不开当地合作伙伴的协助。但是，日本企业不太擅长同当地企业合作。事实上，没有当地企业的协助就很难在中国国内成功。

另外，对于外资企业来说，在中国运营还存在一个难点，就是外币兑换率的上调。对于中国这样一个大国来说，这当然是必要的，我也能够理解。但同时希望中国今后能够逐步地向着货币自由化发展。

东南亚市场无法取代中国市场

《日本新华侨报》：日本媒体认为，中国是一个有着约13亿人口的巨大市场，所以日本企业对进军中国市场抱有很高的热情。但是，由于岛屿争端问题的出现，投资中国市场的风险指数也在增加，有不少的日本企业选择退出中国市场拓展缅甸市场。请您谈谈对这个问题的看法。

细注政： 本公司和中国当地的合作伙伴保持着良好的合作关系，如何能让日本企业在对中国经济发展做出贡献的同时达到双赢，是本公司最优先考虑的课题。

展望未来，我有两个担忧。一是股票市场，特别是IPO（Initial Public Offerings)市场的减速将导致退出困难；二是在日本企业进军中国成立独资公司或和当地法人成立合资公司方面的投资机会将相对减少。前者有波动是必然的，我对未来的IPO市场走势依旧持乐观态度，相信还会迎来高峰期。但后者由于采用的是和中国大型国营企业合资的战略，所以很大程度上会受日中间政治摩擦及政权更迭的左右，前景难测，但短期内不会对本公司的投资运营造成直接损失。

近年来，由于日元兑换率持续升高，所以日本企业在海外收购及合并的步伐加快，中国企业也在日本国内进行了收购和合并。但今后，日本企业在海外收购及合并的步伐，会因日元兑换率的降低而有所减少。但对于中国企业，日元兑换率的降低反而提高了收购的性价比。我认为，日中两国间的经济交流越活跃，收购日本企业的中国企业就会越多。这就有必要先解决一些政治上的问题。

一般来说，中国企业在收购日本企业后成功的事例较少，一是大多收购的是业绩恶化的企业；一是日本企业对一口气式收购有较强的抵触心理。我们给日本企业的提案是，首先接受少数投资，建立合作关系，与中方共同成立企业后再扩大市场。在少数投资的同时，我们还考虑实行相互投资。但日本企业大多对中国企业不感兴趣，所以中国企业在这方面还需要加强宣传力量，从日本企业那里学习借鉴。

关于开拓缅甸市场，本公司也在关注着缅甸的情况，但目前就投资业而言，缅甸的风险太大了。现在的确是有部分日本企业在走"中国+1"的战略路线。但在我看来，东南亚各国的市场规模都比较小，还没有任何一个国家的投资环境能与中国等同，能代替中国。

环保关联产业最有发展前景

《日本新华侨报》：最近，中国大气污染的消息在日本也时有报道，您对此怎么看？您认为中国的哪些领域今后发展前景较好？

细注政：大气污染不是从最近才开始的，我想中国政府也认识到了这一点，也知道必须尽早拿出对策来。但就目前的状况来看，政府的对策似乎还没跟上。大气污染对已经进军中国的日本企业也造成了一定影响。今后，中国需要官民合作共同投资于环保关联产业才行。从这一点来看，环保关联产业是最有发展前景的产业，而且在这个领域里日本也可以充分发挥经验。

中国的经济发展已经逐渐进入由量到质的时代，所有领域都存在发展潜力。我们公司特别关注的是医疗、护理、保健领域以及节能环保领域。日中两国作为邻国，在这些领域存在许多共通之处，日本在同领域的领先产品、技术、服务等在中国也一定可以发挥其作用。

我知道，日本的环保技术被认为规格过高、价格过高，所以在中国一直没办法大范围的普及，尽管有为数不少的日本环保产业进军中国，但它们都经常碰壁。在20世纪六七十年代，日本也遭遇了经济发展后遗症，公害问题非常严重，经过了二十多年的努力才终于有所改善。如果中国能够接受日本由实践得来的技术，相信在改善环境方面可以缩短时间，不用二十多年就能看出效果来。中国的大气污染已经不是中国一个国家的事情。今后，环保关联产业不仅要成为日中两国间的商务合作对象，也要成为日中交流的最具代表性的中心课题。

3月下旬我们在沈阳市设立了3亿元人民币的"沈阳万亚创业投资企业"。合作伙伴有沈阳万润新城投资管理有限公司和沈阳浑南科技城发展有限公司。投资对象为以沈阳市为中心的中国成长型企业及进驻该地区的日系企业。

细洼政与记者一起展示题字

我认为，本公司以日本亚洲为中心的丰富的PE经验和网络，活跃的日中间跨境投资活动及为支援企业成长所做出的努力得到高度评价，促成了基金的设立。

公司出钱让员工学习汉语

《日本新华侨报》：众所周知，一个企业想要发展国际化，扩展海外事业，人才培养与当地雇佣尤为关键。在雇佣外国员工与培养国际化人才方面，日本亚洲投资公司有什么具体措施？

细洼政：我们公司在中国的北京、天津、苏州、沈阳、上海等地都有分公司，当地的资金运营负责人都是中国人。虽然当地的公司里也有日本人，但日本人做的都是辅助性工作，比如经营公司和联络日本企业等。我们在中国各地的分公司高层管理人士，聘用的是有过在日留学经验和在日企工作经验的中国人，因为他们通晓日中两国的情况。在日本的总公司里，也活跃着几名中国员工以及中国顾问。我们认识到，要想在中国发展业务，包括地域关系和血缘关系在内的人脉关系非常关键。

　　另外，自去年我就任社长以来，对日本国内的员工实施了英语、中文学习奖励政策，由公司出钱，让日本员工接受中文入门讲座。我认为，发展国际化业务，必须先了解并理解对方国家的文化、习俗等，并对对方国家的文化充满敬意。我可以自负地说，在日本所有的投资公司里，我们的对华服务是最棒的。

23 人民币国际化不必急于一时

访日本SEVEN银行董事长安斋隆

日本SEVEN银行董事长安斋隆

银行是掌握国家经济命脉的重要金融机关。无论在世界哪个国家，银行的最高决策者都拥有巨大的影响力，一言一语备受社会瞩目。前不久日本银行（央行）推举总裁时，时任亚洲开发银行（ADB）总裁的黑田东彦，不惜辞去职务回归本国就任央行总裁，这个位置的重要性可见一斑。在评览日本经济时，除了瞩目于央行之外，近年靠特有模式发展壮大的"SEVEN银行"也值得关心。这家银行几乎没有分行、支行，遍布全国的18000多台ATM自动取款机，是主要的事业支柱。该银行在日本经济、金融界的作用举足轻重，依托同集团内的"SEVEN ELEVEN"便利店等，织成一张全国业务网。这样一家风头正劲的银行，对中日经济乃至世界经济的评判又是怎样的呢？2013年4月9日，记者在该银行总部，采访他们的第一任行长、现任董事长安斋隆。

《日本新华侨报》：您曾历任日本银行驻香港特派员、日本银行理事等职，以您的经验，该如何看当今中国经济发展和中日两国的经济关系？今后又有什么值得警惕的问题？

安斋隆：这些年来，中国经济有了相当大的发展。其实，我在当初任日本银行香港特派员时，就已经有了这种预感。那是1974年至1976年间，我当时感到亚洲的华侨在非常努力的工作，如果他们能为中国经济出力，中国经济将合理、有序地进步。从那时起，我就对中国经济树立了坚实的信心。

我走过亚洲、中东等很多国家。从经济层面来看，在分配体制的主导下，中国与日本的国家关系越好，就越利于两国经济的发展。可以说没有哪两个邻国，有像中日两国一样好的经济条件。比如当年日本政府决定向中国提供官方开发援助（ODA），就是认识到如果搞不好与邻国的关系，日本也就不会有未来；同样，中国如果不借助日本的力量，也没有现在这么好的发展。所以，只要合作得当，两国经济就一定能够携手走向世界，占据重要的地位。

值得警惕的是，伴随经济高速发展，一定会有飞跃性的技术革新出现。技术革新也可被视为信息革命，与经济全球化一样，都是人类的一种本能。如果不重视这一点或刻意抑制这一点，就好比隐藏起自己的智慧，让技术进步停顿一样。这样一来经济发展也会随之减缓甚至衰落。纵观世界，很多国家正在施行的政策，其实是很利己的。他们一味地降低税金、招揽外国资本，却在信息革命的大潮中被淘汰了下来。所以，中国的经济发展，也一定要借鉴这些教训。

作为国家来说，另外一个危险行为就是大量发行国债。其实这是一个恶性循环。政府为满足国民的要求，必须不断提高社会保障制度水平。于是就必须发行国债。如果外国资本进驻，并因此使雇佣和国民收入增加的话，对政府来说是非常有利的。因此，世界各国不得不竞相降低税金、调低利率、发行国债，也就导致了日本所谓的"借金经济"。日本、美国都是因此陷入经济困境；希腊等国甚至造成了经济崩盘。

另一方面，金融资本走向世界，自然会往这些工资低、政策好、交税又少的地方注资。金融本身就是因此而发展壮大起来的。对于经营者和他们的股东来说是好事，但对于在当地工作的普通职员来说，工资就很难提高了，因为本国收入水平不会比外国高很多。这就是收入差的最根本来源。中国已经开始在面对这些问题了，必须提高警惕，找出对策办法。

《日本新华侨报》： 随着经济的发展，人民币的国际化进程也在加速，越来越多的国际贸易使用人民币进行。有人认为人民币想取日元而代之，成为亚洲的通行货币。您对人民币的未来有何展望？

安斋隆： 货币的国际化进程是必然的。如今，人民币在中国以外的地区，正在被用于贸易行为中，这是很正常的现象。这样一来，人民币的互换性就显得至关重要。此外，必须保证国内经济市场的高自由度，否则货币的国际化就无从谈起了。

更深入一步谈，货币国际化本身到底是好是坏也有待商榷。很多人都觉得这是好事，但我认为目前还没有哪一种货币能与美元抗衡，而且一段时间内都不会出现。从资产价值的角度看，货币结算最重要的就是安全、高效和信用。美元具备这些要素，所以才能成为世界通行的贸易货币。

外交、国防、货币是国家权力的三个重要组成部分。推行本国货币是最安心的办法，也不会使利益外流，因此受到世界各国的青睐。货币还是央行的债务，必须保有与此相应的债权。正因为有资产，利息又几乎为零，所以才有了利润。像美元这样被世界各国信任的货币，越推行国际化，发行越多

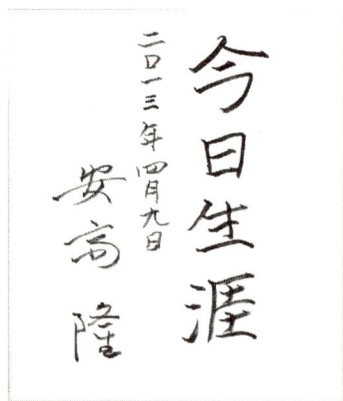

今日生涯

二〇一三年四月九日

安斋隆

安斋隆的题字

就越能获益。

问题在于，货币国际化的过程中，如果对货币进行调整，则必会引起市场的震动。我想中国也是因此要保证人民币稳定的。日本也是一样，不是日元贬值就一定是好。"安倍经济学"施行以来，市场的担心并没有被消除。因为当有一天日元过低时，我们的政府没有什么办法再将其抬高。尽管有抛售美元、购入日元这样的办法，但日本只有1万亿美元左右的外汇储备，面对危机不免捉襟见肘。

在货币结算时，风险也是无处不在的，而且是肯定会发生的。这与该国的地理位置、市场情况、政治局势、军事力量等都有着紧密的关联。美国在这些方面都非常安全，加上盟友众多，这才实现了美元的国际化。所以我认为，人民币的国际化不必急于一时。中国应该时刻做好对抗风险的准备，完全开放国内市场并保持稳定，打造更加受人信赖的货币，坚实地迈出经济的每一步，我想，人民币总有一天会成为国际通行货币的。

《日本新华侨报》：您一直强调"信赖"是经济与金融的重要保证。其实信赖也在中日两国的国家关系中发挥着重要作用。但是现在这种信赖却好像正慢慢消失。您认为两国的经济界应为此做点什么？

安斋隆：随着经济的高速发展，中国人的文化、文明、生活水平也在提高。日语里统称其为"民度"，与经济发展的关系就像硬件与软件一样。但是如果经济发展得过快，以至于民度的增长无法企及，这就会出现问题。日本也是一样，泡沫经济的产生与崩溃，某种意义上来说也是起因于此。近几年来，中国也正在面临和日本同样的问题。重要的是提升民度，将思维方式更新和转变。

比如说，经济发达了人们就会变得更加爱美。在日本，曾有一段时期将生儿育女看作是不美的事。因此很多人都不要孩子，用省下来的金钱和精力，去追求自己更好的生活。我看到，在中国的沿海大型城市也已经有了这样的趋势。但是有了兄弟才有学习和竞争的对象；通过与兄弟的争吵才能学会与人交往和解决矛盾。

国家之间的关系也是一样。中国和日本互为近邻，也是彼此极为重要的竞争伙伴。良好的竞争关系能让我们明白该如何竞争。弟弟要学哥哥的成功经验，同时也要吸取哥哥的失败教训。这才是谋求共同发展的诀窍。相反如果两国都以自我为中心，则关系必然恶化。

放眼望世界，这样的例子太多了。我相信，经济是促使国与国良性竞争最好的手段。很多国家的经济失败了，而这反是我们最值得学的东西。

让年轻员工"脚踏实地"了解中国

访日本东洋证券社长大畠胜彰

96年前，在日本广岛县吴市诞生了一家很小的证券公司——东洋证券。历经半个世纪的发展，东洋证券首先成功进入东京市场，此后逐渐在全国范围内开展业务。20世纪90年代，当中国经济开始腾飞时，东洋证券率先进入中国证券市场，成为第一个可交易中国证券的

日本东洋证券社长大畠胜彰

日本公司。如今，东洋证券在中国证券市场上的强大影响力，使其在日本国内被称为"中国股票的东洋证券"。

2012年7月11日，《日本新华侨报》记者专赴广岛，采访了东洋证券公司社长大畠胜彰。他讲述了进军中国证券市场的风风雨雨。

中国经济正在发生质的变化

《日本新华侨报》：日本一些投资家认为，中国在成为世界第二经济大国之后，出现了经济成长放缓的迹象。您如何评论中国经济的现状，以及中日经济关系今后的发展？

大畠胜彰：首先，我感觉到中国的经济在多年的快速成长过程中，正在进行方向性的调整。过去的中国经济，为了实现高增长率，一切都将速度作为最优先；而现在的中国经济，更重视发展的质量和平衡。从表面上看，中国也许正在为经济增长减缓而苦恼，但作为一个证券公司，我们认为中国经济实际上正在发生质的变化。

从数据上分析，今年第一季度中国经济的成长率为8.1%，第二季度为7.6%，确实减少了0.5个百分点。但我们不仅没有感到担心，反而认识到中国经济的转型，就是在描绘新的经济成长路线。新的经济成长路线就等于新的经济模式、业务模式的诞生。换言之，中国经济并没有低迷，我们也不认为中国经济会有大的下滑。

至于日中两国间的经济关系，我认为双方应首先做到用诚意建立沟通的纽带。两国在政治方面还存在一些问题，但我想这并不会影响到两国的经济合作。就像我刚才所说的那样，中国的经济发展已经由量变向质变发展。

在整个变化过程中，中国也许会遇到和日本同样的课题，比如人口老龄化现象、环保课题等，所以中国对日本的高新技术和丰富的市场经验十分渴求。由此可见，日中两国必将会迎来相互协作、共同发展的新时代。伴随着两国的经济成长、交流深化，两国的关系也会越来越稳固。越来越多的日资企业会进入中国，在中国市场开展新的事业。可以肯定，这是未来两国关系发展的必然。所以我深信，日中两国的关系一定会朝着更深、更好的方向发展。

体会中国经济发展从证券开始

《**日本新华侨报**》：东洋证券公司被称为"中国股票的东洋证券"，在中国市场有着极大的影响力和知名度。公司是从1993年起开始运作中国的证券产品的。当时是出于什么考虑才开始这样做的？

大畠胜彰：中国改革开放以后经济发展的速度，让任何国家都瞠目结舌。我们当时就在想，应该如何应对中国经济这种蓬勃的势头？作为一个证券公司，为了让日本的投资家们切身体会到中国经济的发展、更加了解中国，我们认为必须首先从运作中国的证券产品开始。这是让日本人了解中国最好的办法。

所以，当1993年青岛啤酒在香港上市时，我们率先开始运作他们的证券产品。多年来，我们通过资本市场运作，向中国企业提供了大量资金，也可以说从侧面支持了中国企业的快速成长。这让我们觉得很自豪。

《**日本新华侨报**》：今后中国会继续坚持"扩大内需"的基本战略。作为日本证券公司中对中国业务的"领头羊"，您如何看待中国的证券市场的未来？

大畠胜彰：近年来，中国的市场环境可以说处于紧张、紧迫的局面下。不仅中国，全世界其他国家也是一样。究其原因，我想是在全球金融危机之后，在世界经济不景气的大环境下，中国国内的房地产价格上涨过猛、消费物价上升幅度过大造成的。为控制这些不安定因素，中国的金融与财政政策都不约而同地采取了"紧缩"的办法。但是我们认为，中国经济目前已经停止下滑，并开始向平稳化方向发展，也就是中国所说的"软着陆"。在中国最近发表的"十二五"规划中我们可以看到，以铁路为中心的运输设施建设等政策的具体内容正逐渐公开化、透明化。这些都能刺激今后景气上升和经济发展。我们分析，中国经济必将实现稳步成长，中国市场也会更加繁荣。

让年轻员工实地感受中国

《日本新华侨报》：今年是中日邦交正常化40周年，同时也是中日国民交流友好年。两国间各种交流、庆祝活动正不断地开展。东洋证券公司作为中国"企业市民"的一员，今后将如何培养年轻人才？

大畠胜彰：正如你所说，今年是日中邦交正常化40周年。我们公司虽然在今年没有特别盛大的庆祝活动，但是我们将继续往年的传统，向中国派遣年轻员工的研修团队。我们愿意让员工的双脚踏在中国的土地上，切身感受中国这个国家。这对我们来说十分重要。

此外，在资产运作方面，我们也会继续加强中国企业证券产品的运作力度，让日本的投资者更多地持有中国企业的证券。可以说我们是日本与中国之间的一座桥梁，今后我们也将继续扮演好这个角色。持有中国企业的证券产品，对日本的投资者来说，是了解中国、理解中国的一条"近路"。

在拓展新业务的方面，由于近年来进入中国市场的日本企业越来越多，我们愿意为日本企业创造新机会、提供新服务，比如促成中国地方在日本的商务洽谈会，等等。我想，这是日中邦交正常化40周年之际，我们应该紧锣密鼓去做的事。

日本应学习中国的创新精神

《日本新华侨报》：请问您本人是否经常到中国去？您对中国抱有何种印象，又是如何看待中国文化的，今后的中国文化可以对日本产生何种正面影响？

大畠胜彰：我每年都要到中国出差两三次，但可惜都是局限在中国沿海地区，内陆地区至今仍没有去过。我认为今后中国经济发展的中心和重心，都会从外需转为内需，并从沿海逐渐向内陆推移。所以我现在非常想到中国的内陆城市去看一看，希望不久的将来就能有这种机会。

这几年中国的沿海城市给我印象最深的是交通、运输网络的蓬勃发展。比如早先上海只有几条地铁线，借举办世博会的机遇一下增加到十几条线。北京的交通网络也是如此，变化非常大。再有一个就是高楼林立，中国的一切都越来越高，让我深切地体会到了中国的发展。

说到日中两国的文化，这个范围太广了，我实在无法从那种高度来俯瞰两国。但我认为日本目前最欠缺的就是"饥饿精神"，或者说是"创新精神"。大家守成的思想浓重、进取心不强，所以，日本应该学习目前中国社会不断创新、不断向前的精神和勇气。再有一点就是中国对下一代的教育所表现出来的热心，中国的孩子关心的事情与日本孩子完全不同。虽然我不能说日本的宽松教育错在哪里，但是我还是希望把中国的这种挑战精神的问题和教育的热心，能够再一次融入日本文化中，这是非常必要的。

把古典文化传承、发展下去是非常重要的，中国和日本都有很宝贵的古典文化，我希望日本能将中国好的文化吸收进来，并传给下一代。

日中两国仍应求大同存小异

25 访日本SBI控股株式会社总裁兼首席执行官北尾吉孝

**日本SBI控股株式会社总裁兼首席执行官
北尾吉孝**

明治时代的"日本企业之父""日本资本主义之父"涩泽荣一，在《论语与算盘》一书中，具有创造性地将中国儒家的"仁义"与商家的"利益"相结合，让人们看到了一个宣传"道德经济合一"说，符合时代发展的理想人物。在今天的日本，实业家北尾吉孝也在实践着这样的人生追求。他在发展金融集团的同时，著书论中国古典，开校推儒家教育，推进人才培养工作。2013年9月9日，记者走进日本SBI控股株式会社东京本部的总裁办公室，专访这位左手《论语》，右手"算盘"的现代儒商——北尾吉孝。

日中两国仍应求大同存小异

《日本新华侨报》：目前，中日关系正处于1972年恢复邦交以来最不平稳的阶段。但是，回想1972年中日邦交恢复之际，中日两国的政治家——周恩来和田中角荣都曾在会谈中引用过《论语》。在您看来，《论语》里的智慧，能否为改善今天中日关系起到作用？

北尾吉孝：这个问题真挺难的。现在，日中两国都各执一词。我个人认为，在这样一种情况下，日中两国都应该从长远的角度出发，冷静地思考，究竟什么对于自己的国家最重要。

日本拥有很强的技术开发能力，以及学习吸收能力。日本人在掌握了他国的技术后，能对技术进行改良、改善，让其更上一层楼。这可以说是日本人的特质。而且日本人还拥有细腻、感性的服务精神。像日本这样安全、安心的国家，在全球范围内都是不可多见的。

中国的国土面积是日本的25倍，人口是日本的13倍。能够管理好这样一个国家，中国领导人的智慧是令人惊叹的。在悠久的历史长河中，中国还形成了许多优秀的思想、哲学。比如说，两千多年前的孔子思想，现在也影响着一批又一批人。

现在，日中两国是世界第三、第二大经济体，在文化方面，也都出类拔萃，又都肩负着引领亚洲、引领全球前进的使命。这是日中两国间的"大同"。和上述的"大同"相比，像岛屿纷争等领土问题，就是"小异"。21世纪，无论是从经济规模还是人口规模，亚洲都将成为中心。现在，我们为什么不求"大同"呢？

经营者人品代表企业员工素质

《日本新华侨报》：据我了解，您的集团下面有140多家公司。显然，在企业经营方面，您属于成功人士。作为一位社会公认的成功人士，您认为，一个企业经营者、公司领头人，应该具备怎样的品质？

北尾吉孝：我们也在做向风险企业投资方面的事业。在决定是否对某企业进行投资的最后环节，也就是企业经营者的最终面试上，我会亲自参加。

我要看的，是这个企业经营者的人品。

企业经营者的人品，通常也代表着企业整体员工的素质。《论语》里有"德不孤，必有邻"的说法。有德之人，能吸引同样品质的人围绕在他周围，与其一起共事。因此，经营者的人品非常关键。

《资治通鉴》里也说，才德兼备者为圣人，才德都无者为愚人，德比才高的是君子，才比德高的是小人。对于有德之人，我会委任他做公司高层，对于有才无德之人，我选择用钱来打发他。因为如果让有才无德的人身居高位，整个组织都会陷入混乱。

自我作古改革金融缔造新产业

《日本新华侨报》：在野村证券工作期间，您被称为"传奇的证券人士"。在软银工作期间，又被看成是网络大腕孙正义的"军师"。现在，您麾下的SBI集团——日本最大的网络金融公司，在社会上所担负的作用是什么呢？

北尾吉孝：我们的事业内容主要分三方面。第一支柱是包括证券、银行、保险在内的网上金融交易服务。

14年前，我在创立公司的时候，就确定下五个经营理念。一、秉持正确的伦理价值观，在进行判断时，要先看它是否符合社会正义；二、引领金融改革，对原来的金融体制进行改革，利用互联网的力量，将银行、证券、保险等网上交易服务有效地结合起来，创造出相乘效果。以更便宜的价格为客户提供服务；三、成为新产业的缔造者，培养、促进被誉为"21世纪核心产业"的IT和生物工程、网上交易不断成长；事实上，我们不仅是从事投资产业，还在其他产业发展。我们已经开发出了新药，并且得到了日本厚生省的认可。今后，还会继续进行新药开发，为医疗发展做贡献。四、继续进行自我进化，形成能够灵活适应经济环境变化的组织。我们的努力，不单单是停留在网上金融交易服务，还在生物工程领域也开拓出了一片新天地；五、履行社会责任，认识到企业作为社会成员的责任，在回馈客户的同时，不断为社会的继续发展做出应有的贡献。

"国际化人才"是理解文化历史差异的人

《日本新华侨报》：日本的企业家里面，拥有国外大学文凭的人士似乎不是很多的。您毕业于英国剑桥大学，并且有着丰富的海外工作经验。在全球化的今天，您认为，什么样的人才可以被叫做"国际化人才"？

北尾吉孝：一说到"国际化人才"，大家就容易把他想象成一个英语说得很流利的人，或是会说多国语言的人。但我认为，真正的"国际化人才"，是能理解自身和外国人种种差异的人。

了解对方国家的风土人情，同时清楚日本文化的特质在哪里，要想成为"国际化人才"，起码也得做到这样才行。即使不会外语，可以找翻译。但如果不能在理解自己国家文化的基础上，理解对方国家的文化，与外国人的交流也仅仅流于表面。

创设大学在日本推行儒家教育

《日本新华侨报》：我知道您是从软银独立，创立了现在的SBI集团，并且开设了学校。您创设的 SBI大学院，为日本社会培养出了众多的经营人才。作为一名实业家、一位财团董事，您为什么想到要涉足文化教育领域呢？您创设该大学院的目的是什么？

北尾吉孝：日本的学校主要把力量放在教授学生"英国数理社（英语、国语、数学、理科、社会）"这五门科目上。而做家长的，也只鼓励孩子们考高分。因此，日本有许多年轻人即便大学毕业，也是有知识没智慧和道德。

为了推行品德教育，我在日本文部科学省的认可下，创设了SBI大学院大学。我的学生们大都是想自己创业的人，是未来的企业家。如果他们发展顺利的话，将来会拥有几十名，乃至几百名员工。我希望他们能用从我这里学到的东西，去感化、感染自己的员工们，让大家都成为有益于社会、有益于人类的人。

所谓"·灯照隅，万灯照国"。只要我能培养出一个这样的学生，他就有可能在社会上影响到更多的人。这样的学生越多，这个国家就越有希望。这就是我的目的和理想。

工作的最大收获是自身的成长

《日本新华侨报》：虽然说日本应届大学生的就业情况正逐渐趋于缓和，但据调查显示，没有稳定工作的依旧在多数。在您看来，那些正准备走出校园，步入社会的年轻人，应该如何确立目标？在就业时，应该最优先考虑的是什么？

北尾吉孝：我出版过一本书，叫做《为什么而工作》。在这本书中，我也有提到，作为人，我们要生活，要立足于社会，就需要钱。这是不可否认的。但工作的目的，并非完全是为了钱。我们通过工作而得到的最大的收获，是能实现自身的成长。第二大的收获，就是"缘"，人与人之间的良缘。因为人是社会性动物。我们在人类社会生存，就离不开周围人的支持与帮助。

如果一个人整天只想着赚钱，那么他的人生还有什么意义呢？我父亲就经常对我说："良田千顷不过一日三餐，广厦万间只睡卧榻三尺。身外之物，还是越少越好。"

中国的课题是要赢得全世界尊敬

《日本新华侨报》：SBI集团在中国开展投资事业，还准备在大连举行研讨会。现在中日关系处于低潮。我想知道，您如何看待中日关系的现状？是否担心中日关系的未来走向？

北尾吉孝：现在，有很多中国人都爱说，"实现中华民族伟大复兴梦"。的确，在历史上，除了产业革命到20世纪的这一段外，中国一直都是世界第一强国。

但是，不是规模最大，就能成为世界大国。只有被全世界所尊重，才能成为世界第一。今后，中国所要面临的课题，就是如何赢得全世界的尊敬。

我所担心的，是中国将和日本一样，步入高龄化、少子化社会。发达国家出现高龄化、少子化社会，一般是在人均收入都达到了相当高的水平后。而中国，由于实行了计划生育政策，导致在人均收入还没得到足够提高的情况下，问题就提前到来了。这对于中国来说，是个考验。除此之外，还有贫富差距问题以及环境污染问题等。

我希望，日本在对应、解决上述问题时所采取的对策，能够给予中国一些借鉴和启发，能让中国比日本少走一些弯路。

仁、义、信是做事的判断准则

《日本新华侨报》：我注意到，您在自己的许多著述里面一直强调，自己的经营思想、人生观都是建立在中国的《论语》上的。为什么中国古典《论语》会对您的商业生涯产生如此深远的影响？《论语》在今天具有什么样的魅力？

上海仪电集团与日本SBI控股株式会社投资签约仪式

北尾吉孝：在上中学前，我就对包括《论语》在内的，中国的四书五经感兴趣，并开始学习。儒学，渐渐地成为我的精神支柱。

在学习了"见利思义""义为利本"等的"义利之辨"后，我立志，要通过正确的方式、正确的渠道来为企业谋求利益，同时也要能为社会和人类做出贡献。

我认为，如果成就事业，只是为了谋利，那就不是立志，而是野心。有野心的人或许能获得一时的成功，但早晚都会失败的。作为企业老总，我必须要做出一些关键的决断。而我的判断准则，就是《论语》里的"仁、义、信"。我相信，只要是按照"仁、义、信"去做出的判断，就不会有错。

采访后记：采访结束后，记者请北尾吉孝先生为《日本新华侨报》题字留念。在其题字之际，记者用心环顾办公室四壁，发现墙上有曾国藩的真迹，还有书画大师启功的题字。北尾吉孝先生对中国文化的热爱与追求显而易见。而就在这个时候，题字也已经写好——"自我作古，积小为大，敬天爱人"。

这12个字里，既有中国的哲学思想，也有日本明治维新先贤的遗训；既是日本SBI控股株式会社的成长轨迹，也是北尾吉孝这样一位日本"儒商"的人生追求。

26 # 日中之间的纠纷是彼此重视的一种表现

访日本双日株式会社会长土桥昭夫

日本双日株式会社会长土桥昭夫

　　双日株式会社是日本六大商社之一。与日本其他商社不同的是，双日株式会社早在1961年作为一家大型综合商社被中国政府指定为第一号"友好商社"。如今，在双日株式会社的社史档案里面，还珍藏着当年毛泽东主席、周恩来总理会见当时的日绵实业株式会社(现在的双日株式会社)社长南乡的照片。2012年1月25日下午，《日本新华侨报》对双日株式会社会长土桥昭夫进行了专访。

中国也应该加入到TPP

《日本新华侨报》：从2011年底开始，是否加入TPP（环太平洋伙伴关系协议）成为日本社会的一大话题。一种观点认为，加入TPP有利于日本的经济发展，或者说是一个新的发展机会；相反的观点则认为，加入TPP可能会对日本不利。你对此事怎么看呢？

土桥昭夫：世界正在成为一个没有国境的"地球村"的同时，世界上发生的任何讯息都在一瞬间传开。虽然在地理上有距离感，由于讯息的传递越来越迅速，彼此之间就好像越靠越近了。日本战后通过"贸易立国"获得发展，深知与海外通商的重要性。如果贸易做不好的话，整个日本的经济发展就很难想象了。

在我看来，TPP是一个环太平洋的自由公开的经济贸易体制。日本也确实应该尽早建立这种体制，不局限于日本国内市场，而是应该利用它在这个区域扩大市场，以此来增加日本对外贸易的交易量是一件很重要的事情。总之，TPP是一种相互合作的关系，相互弥补不足的地方，一起发展、进步。

关于农业问题，我认为这并不局限于TPP，任何一个国家只要与FTA（自由贸易协定）和EPA（经济合作协定）挂钩，农业问题就成了敏感的话题。例如，在日本从事农业的人员大多是65岁以上的老人，他们面临着无人接班，耕地荒废增加等问题。

因此，制定一个把农业作为一个产业很好地扶植起来的政策就至关重要了。不是说因为日本加入了TPP农业就不行了，而是应该把农业政策一起推动起来。关于加入TPP、关于推进农业问题和农业结构改革的必要性等，已经开始了研究讨论，不过TPP可以限制时间，例如，在五年或十年的一定的时间内，一边推进结构改革，一边向世界打开日本市场，我认为这样的方向是可行的。

《日本新华侨报》：日本加入TPP以后，对中日经济关系会有什么影响呢？

土桥昭夫：中国现在是日本最大的贸易国，我个人认为如果中国选择加入TPP的话是一件好事。现在，已经有12个国家决定参加TPP的谈判，它们的GDP的总和占到世界GDP的40%左右。如果中国也参加进来的话，这个数字就更可观了。对日本来说，由于中国是一个很大的市场，所以我认为中国如果加入TPP的话是一件很值得赞赏的事情。

日中之间的纠纷是彼此重视的一种表现

《日本新华侨报》：中日邦交正常化已逾40年。这40年来，中日经济关系有了长足的、成熟的发展，但两国的政治关系还不能令人满意，以致时常出现"政冷经热"的现象。对此，你认为应该怎样改善呢？

土桥昭夫：政治与经济本身存在着密切的关系。经济活动如果顺利进行，则政治关系也会比较融洽。政治关系安定了，反而还可以促进经济交流活动。所以，我们希望日中两国的政治和经济两方面都能够维持良好的关系。当然，我们也应该知道，政治这个世界，是有台上和水面下两个舞台。而经济只要利害关系一致就有生意可做。所以说表面所反映出来的东西，未必是真实的东西。现在，日本经济无论愿意与否都与中国经济有密切的关系。所以，政治也不能维持政冷。因此，作为我们这样的经济界人士认为，通过进一步加强日中经济交流活动强化日中关系，其结果将会推动政治方面的日中关系的发展。我们在尽最大的努力进行经济交流。

《日本新华侨报》：具体说来，不少人认为中日政治关系目前处于一种缺乏互信的状态，对此，你是怎么看的呢？

土桥昭夫：说实话，日本与中国的关系并不是最近才开始，这种关系已经有2000多年的历史了。在这长长的历史长河里，日本的汉字文化是从中国传来的，日本的佛教也是经由中国传来的，日本古代的政治制度、行政制度也是从中国搬来的。各种各样的文化从中国传到了日本。

当然，在2000年的相互交往历史中，也有不顺的时候，发生纠纷的时候。在我看来，发生纠纷说明日中两国相互都承认对方的存在，互相都无法忽视对方。我在想，如果日中两国相互不感兴趣的话，就可以做到相互无视，也就不会发生纠纷。只要互相都有友好相处的热情，两国关系也就会变得热烈起来。

为第一号"友好商社"而自豪

《日本新华侨报》：据我了解，那还是在1961年，作为日本十大商社之一的日绵实业株式会社（现在的双日株式会社）就被中国政府方面指定为"友好商社"。当时，中日两国的邦交还没有恢复，双日株式会社是凭着什么样的战略成为在中国的第一家"友好商社"的呢？

土桥昭夫：众所周知，我们双日株式会社是在2003年，由综合商社的日绵和日商岩井合并重组而成的。其前身的日绵，即日本绵花株式会社成立于1892年。1903年，就在中国上海成立了分店。以后，随着贸易不断的扩大，先后在中国设立了14个分店、41个办事处。当时主要从事棉花和针织品等业务。

在日中恢复邦交之前我们就与中国有着贸易往来。我们的前辈们有先见之明，认为中国一定会在经济上发展起来，一定会成为日本重要的经济伙伴。这种思想和想法一代又一代传承下来。正是因为与中国有着这样的贸易和经济往来的基础，1961年，作为大型综合商社被中国政府指定为第一家"友好商社"。第二年的1962年，双日的前身日商岩井也成为"友好商社"。过去，我们主要是以棉花、纤维等为主，现在，我们从事着各种各样的商业活动。

1958年2月，南乡三郎相谈役（日绵第8代社长、左二）访问中国时受到了毛主席、陈云（右一）、廖承志（左一）的接见

日本应该理解中国减少稀土出口

《日本新华侨报》：你从事商社工作的，肯定也关心中国稀土出口的事情。日本许多媒体都在报道中指出，中国减少稀土出口，是与2010年9月中日撞船事件挂钩的。你对此有什么看法？

土桥昭夫：稀土问题恰好与中日撞船事件碰到一块了，所以，容易被媒体炒作。

我认为随着中国经济的发展，稀土的使用量自然越来越大。近年来，中国对环境保护问题也越来越重视，有必要对稀土的问题，对其他各种资源开发，对环境的影响做认真的研究和讨论。

对于日本来说，由此开发了新的替代品，开发了新的技术。还有，促进了资源再生的推进工作。也许，由此会产生一场更大的革新运动。

中国企业海外投资应该考虑当地利益

《日本新华侨报》：我知道你去过中国很多次。与日本进行比较后，你能够谈一谈你对中国企业及其中国企业家的看法吗？你认为他们的长处和短处是什么？

土桥昭夫：中国企业和日本企业在经营方式上最大的区别应该是决定问题的速度。中国企业的运营是从上到下方式的，由上面说了算。而日本企业则自下而上方式的，问题先从下面提起。这样，日本企业在反复讨论，上下酝酿的时候，有可能失去机会。但是，日本企业一旦决定了要做的事情，会以很快的速度去完成，并且踏踏实实地去完成它。只是我觉得在决断速度方面，日本有必要学习中国。

至于你说到中国企业有什么短处，例如，听说中国企业大量投资非洲，带去的不仅仅是资金和技术，还带去了许多工人，这样的做法是否对扩大当地的就业率、培养技术人才、实现技术转让等起到效果？我认为中国应该重新认识如何为投资国的经济发展做出更大的贡献。

让中国消费者的"面子"更加靓丽

访日本川井贸易公司社长川井振

日本川井贸易公司社长川井振

"春蚕到死丝方尽，蜡炬成灰泪始干。""细如蚕丝薄如绸，风吹梧桐落叶踊。""蚕丝待到鼙边绕，始信槐安梦一桩。"说到蚕丝，中国人的脑海里会情不自禁地浮现出一首又一首含意隽永的蚕丝风物诗。这不仅仅是文学传承的力量，更因为蚕丝曾与中国人的生活息息相关，与中国的文化紧密相连。

翻开卷轶浩繁的"二十四史，我们从《三国志》的《魏志·倭人传》里面可以看到这样的记载：公元3世纪，养蚕开始由中国大陆传入西日本。由此推算，日本的养蚕历史也至少有1700年以上。此后，由于自然条件、民族习俗等原因，养蚕业在日本各地创造性地发展，渐渐形成日本特色。

一衣带水。一根根蚕丝将中日两国连接在一起。如今，蚕丝的运用在日本已经跳出了穿戴品范畴，与时俱进地运用于化妆品与保健品。一个21世纪的新兴"蚕产业"呼之欲出。《日本新华侨报》记者走访了这个新产业的旗手、独家开发生产viemax系列化妆品的日本川井贸易公司社长川井振。

层层严格把关保证产品质量

《**日本新华侨报**》：发源于中国的蚕文化，被誉为世界文明的"东方之花"。蚕丝工艺引入日本后，又被发扬光大，近年来开始运用于美容等方面。您认为，中日蚕文化有哪些相似之处？

川井振：发源于中国的蚕文化，如今已经走向世界各地。在日本，蚕文化也得到了进一步的发展。以前，中国只将蚕丝运用于服装和穿戴品上，现在日本进一步把它应用到了医疗、化妆品等方面。

蚕吐出来的丝，与它吃的东西有很大关系。蚕主要有两个品种：一种吃桑树叶，一种吃柞树叶，分别称为桑蚕和柞蚕。日本的蚕与中国一样，大部分是桑蚕，有自然的，也有大面积人工养殖的。我们公司所用的蚕丝，就是通过先进科技、完全在无菌环境下人工养殖的蚕。这是为了生产优质化妆品和健康食品而专门养殖的蚕，要求非常高。与其他蚕相比，这种蚕吐出来的丝更亮、更透明。

《**日本新华侨报**》：我们知道，化妆品与人的健康美丽息息相关，因此安全与质量尤为重要。日本化妆品在这方面有着较好的口碑。日本的化妆品公司是如何保证产品安全与质量的？

川井振：日本在化妆品的生产过程中，每一个环节都非常严格。我们从养殖开始到蚕丝加工，再到提取物，要经过层层把关。化妆品生产线从进车间开始，就要换专用的科技服，进去前还要全身数次消毒。第一车间是原料加工，完成后要经过大范围的数次测试。完成后进入第二个车间是加工初成品，进行各种调试配比。第三车间是养成车间，进行各种比对。第四个车间是成品车间。每个车间少一个步骤都不行。所以产品出来之后质量非常高。

在有些国家，会经常赶制某个产品。比如说要生产3000支或者10000支，这个月马上就得出来。但这在日本是不行。任何产品必须经过一个养成实验期，最少要两个月。比如我们要生产一批产品，从今天开始算，到出产品至少要4-5个月，中间至少要两个月的实验期。

其实，一个星期就可以出产品。但我们要放在大罐里，一个星期之后拿出来实验一下，看看有什么反应或变化，再过一个星期又要拿出来观察，这样反反复复，每天还得做一次实验。两三个月之后，如果这个产品还是没有变化，那么就可以进行下一步消毒罐装，最后出成品。

这样一来，对工人的要求也就非常严格。即使是培训一个普通工人，最少也要一到两年才行。首先工人必须是学这个专业的，然后开始进厂前的培训。进厂后还必须经过最少一年的专业培训，这样才能上岗。所以，日本化妆品能保证安全和质量，主要是因为在生产流程与人员要求上层层把关、严上加严。

中国市场支撑着日本化妆品产业

《日本新华侨报》：现在，全球化妆品市场上品种繁多，令人眼花缭乱。在激烈的行业竞争中，什么样的公司才能生存和发展？

川井振：最主要的就是保证产品质量。广告做得再好如果质量不行，从长期来看也不会取得大家的认可。所以公司的每一批产品出来，都必须是精品中的精品，质量是企业的生命。

特别是化妆品，这些主要用在人们脸面上，如果出现问题，后果不堪设想。现在，有一些化妆品公司采取低价倾销策略，以价格战形式销售自己的产品，但是在质量上往往会不太注意。这些是最让人担忧的问题。还有一些公司甚至生产假冒伪劣或者套牌的东西，为了赚钱不惜铤而走险，那不是在做化妆品。

我们公司为了全面控制产品质量，不会因为省钱从其他国家采购东西，必须保证100%的"日本产"。包括容器、生产原料、配件，加工等，全部是日本生产。制造者放心，消费者才能安心。

《日本新华侨报》：中国作为全球最大的新兴市场，吸引了各国企业的目光。中国市场对日本企业的国际化战略有着怎样的推动作用？您今后准备如何在中国发展？

川井振：经济上迅速发展的中国是一个非常大的市场，人口众多，消费群体也大。中国民众的消费观念也正在发生改变。过去，中国人为了温饱而花钱；现在，中国人随着生活条件的改善，思维发生了变化，更加要"面子"，消费档次及规模也在快速提高。谁把最好的产品提供给中国，谁就能获得最大的发展。

可以说，现在中国市场对日本的化妆品和健康食品起到了支撑作用。大家都看到了这一点，并不断调整经营模式，来吸引更多中国消费者。在日本，我们公司就把各种产品放进面向中国游客的免税店。在中国，我们也制作了中文网页，并尝试通过淘宝等电子商务网站销售。产品明码标价，以最快的速度送货，中国消费者随时随地都可以采购到。

目前，我们还在研发销售终端，让消费者尽快通过中文主页直接订购。现在，已经有不少客户特意到日本来，到我们公司购买大批产品回去送给亲朋好友。他们在中国了解到我们的产品，购买使用后觉得效果非常好、非常放心，所以专程到日本来购买。

今后，日中关系如果能得到改善，日本化妆品和保健品的销售还将有爆发式的增长。中国是日本最重要的市场，中国消费者是日本企业最重要的客户群体。因此，作为企业家，我强烈希望日本政府能拿出实质举措来，大力改善日中关系，这才是日本企业和民众的根本利益之所在。

打造好的化妆品不能靠价格战

《日本新华侨报》：中日两国的化妆品行业在经营理念、商务模式等方面有哪些差别？

川井振：日本化妆品的销售主要以店铺为主，中国则网络销售份额很大。现在，日本化妆品厂家也开始注重网络销售。比如乐天、雅虎等电子商务网站，现在会让很多化妆品厂商进驻。而且，不少日本化妆品企业还通过自己的主页开展网络销售。这是日本化妆品企业在学习更好的销售方式。

相对来说，日本化妆品公司注重通过品牌进行高端销售，而中国方面比较注重通过价格进行低端销售。为抢占市场，中国厂商会一次次打价格战，而日本的化妆品定价之后很少会去降价。而且，中国同样的产品在不同时间段、不同销售平台上价格差别很大，有些产品甚至能在短期内降价一半，给消费者的心理感觉很不好。而日本则基本不存在这些问题。从销售量上看，中国有些化妆品的销售数字很惊人，但利润率却远远低于日本的厂商。

不过，这也是由国情决定。培育一个品牌需要耗费巨大的人力物力，需要经过很长的时间。中国化妆品行业起步比日本晚，还需要一个发展、成熟的阶段。相信在不久的将来，中国化妆品行业步入成熟阶段后，会表现得更好。

采访后记：这篇文章采访结束后，记者特意前往日本的古都——京都，在那里参观了川井贸易公司所属的化妆品研究所以及制作工厂。当记者看到现场从业人员每人都带着白色口罩见不到面容而有条不紊的工作情景，川井社长幽默地说："正是因为他们在工作中的'没面子'，才让许多消费者的'面子'靓丽起来。"

28 "日中做伙伴能创造世界一流的东西"

访日本江守集团社长江守清隆

江守集团是一家"不一样"的日本企业。这个涉及染料、化学品、电子材料、食品、资源开发等多项业务的上市公司，并没有把总部移到繁华的东京，而是选择在诞生地——福井坚守上百年，成为当地的标志性企业。

近日，《人民日报海外版日本月刊》《日本新华侨报》记者联袂走进江守集团位于福井县的总部，采访了集团第四代掌门人江守清隆。在总部社长室里，有一面

日本江守集团社长江守清隆

"员工"墙，上面贴着各个地方的员工照片。不仅有日本的员工照片，还有中国员工的照片。显然，江守清隆社长想记住每一位员工的相貌，把他们当做公司最大的财产。

中国经济已进入质量并重时代

《日本新华侨报》：你以前在大学演讲时，曾经分析了世界经济的现状。你怎么看现在的日本经济和中国经济？

江守清隆：我以前在大学演讲时谈过，要用冷静的眼光去看"世界中的中国"和"世界中的日本"。特别是现在的日本，去年发生的事，今年同样发生，明年也一样，再过十年也不会有什么大改变。

但是现在的世界每天千变万化，日本应该怎样跟上节奏，是个让人非常担心的问题，日本应该有强烈的危机感。

《日本新华侨报》：日本过去的经济状况经常被称为"泡沫经济崩溃""失去的10年""失去的20年"。你认为安倍政府推出的"安倍经济学"能改变这一状况吗？

江守清隆："安倍经济学"作为短期的"治疗方法"，虽然有一定效果，但并不是万能药。

日本经济的深层次问题，并不是这么简单就可以解决的。日本的"高龄少了化""缺乏向上欲望"等问题，都是日积月累形成的，要长期努力去解决。

《日本新华侨报》：一些日本媒体总在宣扬"中国风险""中国+1"之类的，呼吁日本企业在中国以外设立新的生产据点。你怎么看？

江守清隆：我认为，中国经济今后将进入"量"加"质"的时代。现在，中国经济已经开始转型，慢慢不生产世界上最便宜的东西。另一方面，中国经济在"质"的方面将得到一个提升。中国在提高经济质量方面的努力，又会形成一个巨大的新市场。

日中做伙伴将产生巨大生产力

《日本新华侨报》：江守集团1994年进军上海，现在业务已经扩展到中国各地。你认为，中国市场对日本企业的全球化战略发挥着怎样的推动作用？

江守清隆：中国近十年的发展非常不错，这是谁都必须承认的事实。不管经济出现过热势头还是出现不好苗头，中国政府马上就会出来调节。中国经济能发展得如此强劲，与政府的有效调节密切相关。从这一点看，中国经济不管出现多少风浪，今后还是能持续发展的。稳步增长的中国市场，对于日本企业全球化战略的重要作用不言而喻。

中国现在拥有巨人的制造能力，日本有着先进的新材料技术，如果两者组合，将会产生巨大的生产力。两国企业都拿出自己擅长的东西，成为合作伙伴的同时，也做出了世界上一流的东西。

《日本新华侨报》：江守集团明确指出，为了让客户、董事、员工、地域社会幸福而存在。你认为"为了幸福"这个关键词，如何体现在中国市场的业务上？

江守清隆：第一个当然是认认真真的交流。虽说中国大城市的医疗发展很快，可是在中小城市，有些地方的医疗水平还不高。我们也销售医疗器械，所以给予了捐助。教育方面，我们也和中国一些大学存在互动，给他们一些支援。

前不久，有一位美国的投资家问我"贵公司为什么进军中国"。我反问他："看看全球这二十年的变化，能像中国那样发展的国家还有吗？"其实，在哪里开展业务都伴随着各种困难，既然如此，我们就应该在新兴市场中，选择最被世界瞩目的地方。中国自然是最佳选择。

培养人才要因地制宜

《日本新华侨报》： 江守集团创业至今已经超过100年，不仅是日本经济团体联合会成员，还是一家拥有精兵强将的上市公司。集团为何不把总部选在东京，而是选择了福井县？

江守清隆： 公司这100多年发展历史中，我是第四代。从曾祖父那一代开始，到祖父、父亲，后来到我。福井这个地方纤维产业发达，所以我们公司也随之发展了起来。我们集团已经从染料商到化学产品商社，并且渐渐转型成了一家综合贸易集团。

我们将总部设在福井，是为了招揽更多优秀人才。如果在东京，我们这样规模的公司，能够录用的人才比起福井来还是有局限性。我们将总部设在福井，成为了这个地域的代表性企业，既确保了优秀人才，还能在社会责任方面发挥更大作用。

优秀的人才在这里为家乡工作，为家乡的经济发展贡献力量，会充满责任感与自豪感。我们有一个口号是"从北陆走向世界"，意思是就算总部在北陆，也要成为世界型企业。

《日本新华侨报》： 江守集团很重视国际化人才培养，甚至提出了"所有员工都去国外营业"的口号。对于进军中国的企业，你认为应该怎样培养当地人才？

江守清隆： 职位、收入、激励。在日本，这三个条件不需要一一俱备。但在中国，缺一个都不行。我觉得，这是日本人和中国人最不一样的地方。

在人才培养方面，我们聘请了日本专业的人才培育公司，花一年时间，提供20多名候补干部顶尖经营管理方法的学习机会。而且，从今年4月开始，中国也导入了新的人事制度，明确体现在他们的工资和职位方面。

我们在中国的总经理是当时总部采用的一位中国人。他已经进入公司20年，最初在社长秘书室做事，然后派他去中国担任营业与管理职务。现在，他已率领着中国的200多名员工。正是因为人才的"本土化"，所以我们集团9成的客户是中国企业。

经济交流是改善日中关系的基础

《日本新华侨报》：你怎样看中日关系的现状。对于两国关系的改善，你怎样考虑？

江守清隆：我们公司主要是针对企业法人，所以没有受到太大负面影响。与中国客户也保持了安定的合作伙伴关系。

我是一个搞经济的人。我认为，加强经济交流是改善两国关系的基础之一，而且也是相对容易做的事情。在经济与贸易的世界里，不分日本人也不分中国人。

对于一些存在分歧的问题，我认为日本和中国都应该首先冷静下来仔细想想，要避免一些过激言语。

《日本新华侨报》：你去过几次中国？对于中国和中国人，你是什么样的印象？

江守清隆：我去过中国50次以上。第一次去中国是在1988年，从北京到上海，最后去了广州，当时参加的是一个中国现状调查团。中国北方的发展可能要缓慢一些，南部那个时候已经发展得很快。

印象最深的是上海，那时浦东还是一块不毛之地。不知什么时候，浦东新区就"刷"的一下子冒出来了。此后中国的发展，就与大家知道的一样，速度这么快，非常壮观。

我觉得，中国聪明的人非常多。不过，聪明也是把双刃剑。聪明过了头视野反而会变得狭窄。特别是涉及自己工作的事情，视野就会变得更窄。可是，中国人比较诚实与沉稳，也很积极上进，和美国人有些相似，简洁明了。

对于很多中国年轻经营者，我是很佩服和尊敬的。他们相当优秀而且对国际化非常热心，学习欲望很强烈。和他们在一起工作，感觉到能做出很多新的事情。

至于中国的环境问题，其实以前欧美发生过，日本也发生过。快速发展的过程中，必然会出现环境问题。我看到，中国政府已经开始非常认真地解决这个问题，期待在不久的将来，中国也能迎来碧水蓝天。

期待日中两国关系慢慢地好起来

访三越伊势丹公司社长大西洋

三越伊势丹公司社长大西洋

　　三越伊势丹控股公司是日本最大的百货集团，由三越百货和伊势丹百货两大著名百货公司合并而成。日本人口约为1.27亿人，而每年去三越伊势丹集团百货店消费的人次超过2亿，足见其影响力。

　　急剧变化的社会环境中，三越伊势丹始终充当时尚指针，为日本民众源源不断提供着更新的生活文化、更高的生活品质。

　　作为日本首屈一指的百货集团，三越伊势丹二十多年前就走向了海外，在上海、天津、成都均设有分店，是最早进入中国市场的日本企业之一。经过多年发展，已经在各地拥有了较高知名度。

　　面对席卷全球的网购浪潮，百货行业在世界范围内都受到了巨大冲击，业绩大幅下滑。而三越伊势丹公司则在社长的带领下，实现了业绩的连续增长。

大西洋，本来是一个海域的名字。三越伊势丹公司社长的名字就叫"大西洋"。他的母亲出生在沈阳，从小生活在沈阳。伊势丹在沈阳开设了分店，正当他准备陪母亲重踏沈阳之地时，母亲却去世了。此后，沈阳分店也没能够继续开下去。但是，大西洋却与母亲一样，对中国的感情始终割舍不下。近日，《人民日报海外版日本月刊》《日本新华侨报》记者联袂走访了三越伊势丹公司，对他进行了专访。

百货店的最大优势在于特色鲜明

《日本新华侨报》：三越伊势丹百货公司以中国及东南亚为中心，在世界各地开展业务。现在，全球百货行业竞争激烈，三越伊势丹公司的优势在哪里？

大西洋：我们最大的优势是商品与店铺的鲜明特色。一言以概之，就是人无我有。我们销售的有些商品，由自己生产，并拥有强大的供给连锁体系。这是很多百货公司做不到的，也是我们在日本市场发展的最重要原因。

但是，从海外市场的状况来看，这些优势反映得不够明显，还有许多工作要做。所以，从今年秋季开始，我们将着手建立完整的体系，将具有日本特色的商品向中国、东南亚市场大力推广。在这些地区，我们的优势还没有充分发挥出来。

百货公司最重要的是"回归原点"。恢复应有面目，才能赢得消费者。如果只是委托其它厂家，我们很难控制价格与品质，也无法为消费者提供最好的东西，因此必须要有自己的商品。

现在，随着行业状况的不景气，很多百货公司开始偏离"原点"，但是我们没有。我认为，只要找到适合的发展方式，百货行业依然有广阔的发展空间。

企业赴海外发展要造福当地

《日本新华侨报》：三越伊势丹公司很早就在中国开设了店铺，据说上海民众非常喜欢。你们如何把握中国市场，有着怎样的战略？

大西洋：我们很早就赴华发展，进入中国市场已经20多年。我们在华店铺的面积与规模都不是太大。以前我们在上海有两家店，现在只留下一家店，而且退出了沈阳与济南。我们还曾计划在北京开店，但最后没有进行下去。现在，我们只在上海、天津与成都开有店铺。

在中国的店铺中，上海店的面积最小，天津一号店与成都店要大很多。我们根据上海店的特点，以职业女性的美为概念，主要经营美容时尚用品，从形式上看或许更像专卖店。虽然日中两国之间目前存在各种政治问题，但中国是全球最大的市场，而且拥有众多上千万人的大都市，不管哪家企业都不能放弃。我们将时刻关注这一市场，并拿出从头开始的决心来发展事业。

《日本新华侨报》：从以往的经验来看，进军中国市场的外国百货店有成功也有失败的。本土化是否成功或许是其中的重要因素。三越伊势丹怎么看待本土化？

大西洋：进军中国等海外各国市场时，要尽最大能力实现本土化。我认为，本土化就是要将当地赚取的利润再投资到当地，并尽量聘用当地人员，创造更多就业机会，以促进当地开发。企业在赴海外发展时，实现人、财、物的本土化尤为重要。我们现在只从日本向中国店铺派遣了5至8名员工，而当地的中国雇员约1000人。

《日本新华侨报》：现在，跨国企业的社会责任感倍受关注。三越伊势丹怎么看待为中国社会做贡献的意义？

大西洋：百货公司服务大众，为社会做贡献是理所当然的事。日本企业有各种以"CSR"为名的社会贡献活动，但一般不会四处宣传。在中国，日本企业也要与在日本一样，为社会做贡献。既然在当地做生意，就应该以各种形式，用获取的利润造福当地，比如进行各种捐款。

日中不能让两国关系继续恶化

《日本新华侨报》：现在，中日关系已经陷入自1972年两国邦交正常化以来的冰点。在此背景下，日本企业应该如何与中国企业打交道？

大西洋：目前的情况非常令人遗憾。实际上，政治与经济的关系，不可能完全分开。虽然日中政治关系越来越差，但经济往来还是应该保持良好状态。如果两国在政治关系恶化的情况下，又在其他领域互相斗争，将会使情况越来越糟糕。两国关系不能这样持续下去，双方应该建立更好的政治关系。

实际上，中国驻日外交人员长期在日本生活，为改善两国关系做出了很多努力。所以，日前出现的这种情况令人很遗憾。日本与最重要的两个邻国中、韩之间的关系都在不断变差，这是非常糟糕的，已经不仅仅是外交问题。日本必须首先与邻国构筑起良好关系。

为中国游客提供最便利的服务

《日本新华侨报》：今年，访日的中国游客时隔两年出现大幅增长。三越伊势丹采取了哪些措施来更好服务中国游客？

大西洋：去年，访日游客已经超过1000万人，按照目前的趋势发展下去，今年可能达到1200万至1300万人。其中，来自中国、韩国等地的游客最多。而中国游客已经超过韩国游客重返第一位。从消费金额来看，中国游客更是具有压倒性优势，相当于韩国游客的2到3倍。从消费单价来看，中国游客也遥遥领先。为了让中国游客更加方便快捷，我们简化了各种退税手续，并在柜台提供中文服务。

今后，访日的中国游客可能会进一步增加，因此我们大幅增加了柜台的数量。2015年秋季，我们还将在东京的银座地区开设本土第1号免税店，外国游客的消费税与关税都能得到减免。现在，我们正在大力推进增加柜台、扩大服务范围等工作，让中国游客享受到最便利快捷的服务。

截至上半年，我们有20名左右会讲中文的员工，下半年准备增加一倍，其中六七成将录用中国人。这些会讲中文的员工现在都安排在新宿、银座、日本桥等店铺里，今后其他店铺也将渐渐增加。

《日本新华侨报》：你去过中国几次，印象最深的事情是什么？

大西洋：我已经去过中国10次以上。第一次是20世纪80年代中期，那是中国刚刚改革开放的时候。中国的朋友们纷纷劝我喝酒，气氛非常友好，让我印象很深。

在我的印象里，中国人非常聪明、勤奋。其实，我的母亲也生在中国长在中国。她是在奉天，也就是今天的沈阳出生的。小时候，母亲就成长在那里，中国对于她来说是一个非常亲近的国家。

母亲从奉天考入日本的大学，作为归国者回到了日本。当时，我还想等到沈阳开店后，让母亲去故地看一看。但母亲却在开店前不幸去世了，非常遗憾。所以，我衷心希望日中关系能够慢慢变好起来。

没有任何国家的市场能够取代中国市场

30

访良品计划株式会社会长松井忠三

良品计划株式会社会长松井忠三

"无印良品"（MUJI），顾名思义，就是没有品牌标志的好产品。它代表的不是时尚，不是流行，而是一种去繁从简、素而不俗的生活理念、生活哲学，是禅宗美学的日常化与普及化。

松井忠三，这个在"无印良品"走入低谷，前任社长引咎辞职时临危受命的男人，一上任就采取霹雳手段，焚烧售价在100亿日元的服装库存，改革企业文化，制定统一的工作规范等，带领"无印良品"打了一个漂亮的翻身仗。

在2013年6月10日的采访中，松井忠三会长面对记者坚定地说，在日中两国的领土争端问题上，我赞成"搁置论"。部分日本企业采取的"中国＋1"的投资路线是不对的，没有任何一个国家能够取代中国市场。

顾客需求催生"无印良品"

《日本新华侨报》："无印良品"不仅售卖日常用品和服饰等,现在每年还出售250栋房屋建筑。会员数也达到了400万人。"无印良品"这个品牌诞生的背后是不是有什么故事呢?

松井忠三：1973年,日本遭遇第一次石油危机;1974年,日本GDP首次呈现负增长;1979年,第二次石油危机出现。到了1980年,日本就彻底告别经济高速成长期,开始步入经济成熟期阶段。

在这一阶段,像日本的大荣、伊藤洋华堂等大型连锁百货公司都出现了一些变化。虽然每年都会设定一个销售预算,但几乎都无法达成。而其他百货公司也都面临这样的窘境。渐渐地,百货行业意识到,日本的消费市场变了,顾客需求也变了。为此,各大百货公司都开始重新设计销售战略,将开发"品质佳、价格低"的自有品牌作为销售战略中的重点,由此引发了日本战后社会第一次自有品牌开发热潮。

1980年12月,在这样的热潮中,"无印良品"作为西友株式会社的自有品牌面世了。但是,从其他百货公司的状况来看,并不是很顺利。往往都是只做到了"价格低",而忽略了"品质佳",与顾客的真正的购买需求背道而驰。因此,当时的西友在进行产品开发时,就设定了这样一个目标——"有道理的便宜"。

什么叫"有道理的便宜"呢?比如说同是卖袋装香菇。一般百货公司或超市里卖的,都是经过挑选的形状完整,大小一致的香菇。但顾客买完香菇回家后,也还是要泡水、切细的。形状、大小并不影响食用。因此我们推出的香菇,都是不经挑选的,甚至还有一些碰撞带来的小裂口的。因为减少了操作流程,因此售价也便宜了许多,只相当于普通香菇价格的一半左右。一经推出，大受欢迎。

再比如"无印良品"的家庭用纸巾。普通的纸巾和纸巾盒都是一次性的。但我们在1980年开始出售纸巾时，就将纸巾盒和里面的纸巾分开来卖。纸巾盒制作的比较精致，里面的纸巾用完了还可以不断填充。简化了包装，降低了成本，也拉低了售价。

在产品设计上，我们还参考了禅的美学，去繁从简，纯粹用商品质量本身来吸引顾客。不要商标，不要图案，不染色，还物品以本来面目，以最接近天然的状态出售。

1983年，我们在青山学院，开了第一家独立的路边店。在开业的一个月里，就完成了一年的销售预算。6年后，"无印良品"就从西友株式会社独立出来，成立了良品计划株式会社。

这些，就是我们"无印良品"这个品牌诞生背后的小故事了。总而言之，是日本经济高速成长期结束后的消费者的意识、需求的变化，为"无印良品"的诞生提供了契机。

在中国市场"国货"最具竞争力

《日本新华侨报》：如今，在海外23个国家里有217家"无印良品"店。有不少日企都在进军中国市场后反映，中日两国在贸易习惯和消费倾向上存在明显的不同。对此，您又是如何看待的呢？

松井忠三：日中两国在贸易习惯上的确存在很大差异。就我个人体验来看，最大的不同，就是品牌与开发商之间的关系。在中国开店，必须和开发商搞好关系，要经常吃饭、见面，互通有无才行。

就比如我们在重庆的花园路街道开第二家店的时候，开发商事先就了解到，那里会建一个地铁站，也会成为高速公路的出口。所以他们决定在那里建一个高级公寓和一个商业设施。而我们的"无印良品"二号店，就开在新建的商业设施里面。

说到消费倾向，我的感觉是中国人喜欢买国货，所以在同类市场上，本国企业的实力非常强，销售额位居前列的都是中国企业。

截止2013年5月末，我们在中国的店铺总数是72家。到2013年末，我们计划开到100家。

《日本新华侨报》：2012年9月中日岛屿争端明显化后，"无印良品"在中国的出店计划有没有受到影响？

松井忠三：不能说完全没有。在2012年9月18日的那一周里，店铺销售额下降至36%，但进入11月以后，销售额又恢复到100%以上。影响只持续了一个半月。

"SPA"也能做到高收益低风险

《日本新华侨报》："无印良品"是"SPA"（自有品牌专业零售商经营模式、Speciality store retailer of Private label Apparel）企业的先驱。但在进军海外的情况下，"SPA"又被看作是高风险、高收益的代名词。在您看来，实际情况是不是这样呢？

松井忠三：像我们这样的"SPA"企业，一般都是从商品企划、研发，再到贩卖，全都一手包办。

在我们开发、贩卖的产品中，日常用品要占到52%到53%，服饰要占到33%到34%，食品约占10%左右。由于我们是以日常用品为主，所以竞争对手只有来自瑞典的宜家。

每卖出一件售价1000日元的商品，我们的获利大约在500日元左右。售价的一半是利润，所以高收益被视为"SPA"的最大特征。但"SPA"要想在海外获胜，的确不太容易。就比如建在上海最繁华街道的古奇旗舰店，他们的商品销售量并不大，很多都需要自己消化。虽说成本价只占售价的50%左右，但由于都是自己设计、开发的产品，所以卖不出去的库存也很难办。这也是"SPA"会被说成是高风险企业的原因所在。

在风险性的问题上，我们比其他"SPA"企业做的好一些。因为我们会通过与顾客交流来获取信息，再参考信息进行产品开发，跟得上顾客的需求。

当然，任何企业都有有利与不利的地方。同为"SPA"企业，服装企业显然要比我们的收益更高。因为服装的成品价只有20%左右。但他们的市场竞争也很激烈。如果拿我们与服装企业相比较，显然，服装企业的生存状况更为严峻。而我们比较有利的地方就是竞争对手少。

不出结果的事情我不做

《日本新华侨报》：在您上任社长的时候，"无印良品"可以说是走入创建以来的最低谷。但在您上任后，"无印良品"打了一个漂亮的翻身仗，完成了销售额的"V"型回升。您是怎么做到这一切的？

松井忠三：我上任社长是在2001年，也就是经营业绩最差的一年。日本有句俗话，叫做"他人的不幸如蜜甜"。所以当时外界都在疯传，"无印良品"要完啦。

我一上任，就到全国各店铺视察，结果看到仓库里有堆积如山的库存，店里还在对过季服装进行五折，甚至二折大甩卖。服装不仅卖不出去，即使卖出去的质量也不过关。我以壮士断臂的心情，将售价接近100亿的服装库存统统烧毁。又经过五年的努力，成功地将顾客投诉减少了八成以上。

按照一般做法，要想扭亏为盈，无非就是裁员、闭店、缩小规模等。但这样的调整只要花两年时间就可以完成。如何将失败的经营模式转化为成功的经营模式，才是重振企业最关键，也是最困难的一关。

我制定的工作规范几乎囊括了所有的公司业务。包括店内业务、场地布置、商品陈列、收款业务、待客方法等，都有详细规定，并定期进行行业务考核，看员工们是否牢固地掌握了上述规范。

我这个人的性格就是做事就要做彻底，不出成果的事情不做；做了，就一定要让它出成果。

在岛屿争端问题上赞成"搁置论"

《**日本新华侨报**》：眼下，中日关系还在不稳定的阶段。这势必会对两国的贸易往来造成一定影响。您认为，改善中日关系，应该从哪方面做起？

松井忠三：我认为，在岛屿争端问题上，不存在什么解决方法。这也不是我们这代人就能够解决得了的。我赞成"搁置论"，这个问题应该留给下一代去解决。

日中两国间自从出现领土纷争后，有不少的日本企业家都选择走"中国＋1"路线，以减少在中国市场投资的风险。可是我认为这种做法是不对的。说实话，要想在现实世界里找到一个能够取代中国市场的国家，那是不可能的。

2013年，"无印良品"在日本有390家店铺，在中国计划达到100家。也就是说，

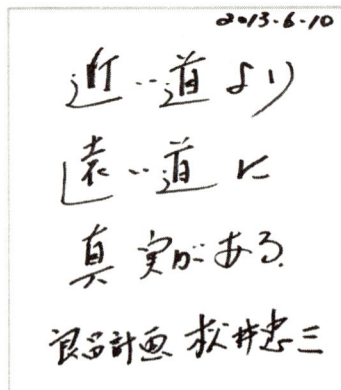

松井忠三的题字

186

中国市场相当于日本国内市场的四分之一。按照我们的计划，10年以内，中国国内的"无印良品"店总数将和日本国内的一样多，销售总额也将达到同一水平。对于我们来说，在未来形势下，中国市场的份额很可能会超越日本市场。

还有很多日本企业家喜欢拿"中国风险"来说事。但要知道，从来就没有不冒风险的商业机会。即使中国市场有风险，我们也会不断地开拓。我坚信，进军中国市场越深入，企业的收益就越大。

食品安全再进一步　食品健康再进一步

31

访株式会社明治董事长川村和夫

株式会社明治董事长川村和夫

株式会社明治是日本响当当的食品行业百年老店，深受日本人的爱戴。提起"明治牛奶"，日本人马上会回味起童年时代那幸福的味道。一家食品企业能在百年风雨中独领风骚，其理念是什么？

川村和夫社长给出的答案是"安全、健康"。这位历经40年从基层一步步做到社长的"明治人"始终相信：即使站在山顶，也不能停下来看风景，要继续向顶峰进发。为此，"进一步"成了川村和夫的座右铭。这是从禅语中受到的启发，意思是即使处于很高的境地，也不能安于现状，必须继续向前进一步。在食品安全上再进一步、在食品健康上再进一步，或许这就是他带领明治公司在中国市场上发展的秘诀。

近日，《人民日报海外版日本月刊》《日本新华侨报》记者联袂走访了明治公司，对社长川村和夫进行了专访。

产品安全是食品企业的最大竞争力

《日本新华侨报》：明治乳业公司积极进军中国、东南亚及美国等市场，在全球范围内开展着多种业务。在激烈的行业竞争中，明治有何独特的优势？

川村和夫：株式会社明治最大的优势在于保证食品的安全，以及支撑这种力量的技术和经验。在乳制品方面，我们采用先进的冷藏生产体系，在确保品质的基础上延长了商品的保质期，得以在扩大日本市场乳制品消费方面取得了显著成效。特别是在品质方面，我们以在工厂内进行彻底的卫生管理与商品管理为基础，并不断扩充原材料的接受和配送的管理体制，以确保把安全的商品送到消费者手中。

与欧美各国偏凉的气候不同，亚洲大陆更加湿热，这就需要有适应这种气候的品质管理的体制和经验。为了能在亚洲各国实现安全生产，我们在气候相似的日本培育了这方面的体制和经验，这正是我们在亚洲发展事业的基础。

中产阶层将成为中国市场的消费主力军

《日本新华侨报》：近年来，在中国出现了食品安全方面的问题。对此，最近中国政府采取了很多强化食品质量的措施。你如何看待如今的中国市场，株式会社明治今后在中国将采取怎样的发展战略？

川村和夫：无论从"质"还是"量"来看，中国都是亚洲最大的市场。中国GDP稳居世界第二，消费规模也仅次于美国，并且有超越美国的趋势。与此同时，中国市场开始更加注重产品的质量和价值，这是一个重大且可喜的变化。

中国民众的收入水平正在不断提高，中产阶层的实力也愈发雄厚。以前的中国市场是新兴经济体特有的富裕层市场，现在社会中产阶层的力量正在日益壮大，并将成为市场的主导。他们不光重视价格，而且非常重视食品的品质和安全。因此，我们必须在质量、价格和安全安心等各方面，满足市场的需求，这是今后株式会社明治在中国开展业务的重点。

目前，株式会社明治在中国共设有4个工厂。最初设立的是广州的冰淇淋工厂，此后又在广州和上海建成了糖果工厂，接着是在苏州的乳制品工厂。对于这些工厂生产的商品，我们采用了在日本磨练成的技术与经验，正推进着重视商品的品质和价值的事业展开。今后，我们也会以这一战略为轴心，扩大和强化事业。

中国是一个巨大的市场，相信今后还会有更大的发展。无论从气候或饮食文化方面，日中两国都在历史上长期相互影响，拥有很多相通的基础。我们有理由相信，在日本发展起来的食品技术，也同样会受到中国消费者的欢迎。

跨国企业本土化需要不断尝试

《日本新华侨报》：不少跨国企业都将本土化作为开展海外业务的主要课题之一。株式会社明治如何实现在中国的本土化及确保国际人才？

川村和夫：株式会社明治在产品上的优势之一，就是将本土化放在最优先的位置。中国虽然与日本有着相似的文化土壤，但消费者的需求却不尽相同。只有充分理解中国消费者的需求，提供他们喜爱的产品，才能做到产品的本地化。

在冰淇淋产品的研发过程中，我们也曾犯过错误。最初，我们将日本销量最好的产品原封不动带到中国，结果却完全卖不动。之后我们针对中国市场研发了很多新产品，并将其中最受消费者欢迎的产品作为长期产品销售。

这些产品与在日本的主力产品略有不同。中国人喜欢吃"冰棍儿"，而使用炼乳、赤豆的"北海道小豆"却很少见，我们推出这款产品后大受欢迎。很多外资冰淇淋公司喜欢推广巧克力产品，但株式会社明治却认为应该研发出更符合中国消费者传统口味的产品，这是我们本土化的重要一环。

此外，在经营方面的本土化上，我们从进入中国市场的第一天就开始着手了。员工都是在中国当地雇佣的，再通过培训提高他们的业务水平。我们还让他们在日本接受培训后再派回中国，担任各岗位的管理人员。尽管中国的人才市场被认为是流动性较强的市场，但株式会社明治通过人才培养确保了员工的稳定。

《日本新华侨报》：株式会社明治在日本积极投身于各种社会活动，在为中国社会做贡献方面是如何考虑的？

川村和夫：作为"企业公民"为所在地区做贡献，对国际企业来说十分重要。株式会社明治提供的是消费者每天都会吃的产品，因此必须通过安全、安心，并且充分顾及环境以及照顾员工等各方面，从整体上做到融入中国、融入中国的各地。这是明治的追求和使命。我们会在为中国社会做贡献方面下更大的功夫。

企业是促进民间交流的重要力量

《日本新华侨报》：中日关系正处在恢复邦交正常化之后的最低点。这种情况下，日本企业应该怎样在中国开展经济活动，如何通过自身行动改善两国关系?

川村和夫:株式会社明治通过经济活动与中国建立起了联系。现在,中国社会的中产阶层正不断增加,中国市场也日趋成熟,日本企业能够做出贡献的领域也越加宽广。从这个意义上讲,今后要更多地通过民间交流,促进日本企业与中国民众的互动,令两国草根交流更加顺畅。在漫长的历史中,日本和中国已经建立了深厚的关系,希望这种关系能越来越好。

《日本新华侨报》:你曾经到过中国几次,对中国和中国人的印象如何?

川村和夫:我去过很多次中国,还在"鸟巢"观看过2008年的北京奥运会比赛。很多中国人都是全家老少三代一起来看比赛的,这与日本人总是自己去看或与情侣去看有很大区别。在中国我能感受到很强烈的家族观念,这让我很受感动。

在马拉松比赛中,当时的起跑点是天安门广场,终点是我所在的主会场,为了不让场内等待的观众感到乏味,主办方还安排了各民族、各地区的文艺表演,就像一个大型的地域庆典一样。我感觉,中国的人与人之间的感情深切,犹如一个团结的大家族。

32 支持习近平主席限制"三公消费"

访日本和民集团会长渡边美树

日本和民集团会长渡边美树

2013年4月24日，记者走进以"在全球收集最多的'谢谢'"为经营理念的和民集团总部，对集团创始人、会长渡边美树进行专访。在集团总部的一楼大厅，记者看到两处特殊的布景：一是会长渡边美树起家时的"第一桶金"，也就是在运输公司做销售司机时的场景再现；一是和民集团的起点"和民"1号店的室内场景。可见，这是一位时刻不忘初心的创业者。

对于餐饮业创业者来说，客流量及消费额至为关键。但是渡边美树却极为称赞中国出台新政，限制"三公消费"。他斩钉截铁地说："凡是正确的事情，对中国好的事情就应当支持，所以我非常支持习近平主席这样做。"

成功离不开中国员工的努力

《日本新华侨报》：和民集团在中国的香港、深圳、上海、广州等地都开设了多家餐饮店。您认为，贵公司进军中国成功的秘诀是什么？

渡边美树：我认为，在中国成功的秘诀主要有两个：一是定位准确；二是中国员工的努力。

在日本，和民集团旗下的餐饮店属于大众消费。这是我们在日本的定位。但是在中国呢，我通过视察发现，大家比较喜欢在我们店里开庆祝生日会、小型派对等，把我们店视作一个喜庆、特殊的地方。于是我们就牢牢地抓住了这个定位。

日本和民集团的餐厅

目前，我们在上海有250名员工、广州有120名员工、深圳有150名员工、香港有230名员工。这些员工都是我们在当地聘用的中国人。我们非常重视同中国员工的交流，每年都会两次派员赴当地，谈谈和民集团的创业目的等，一起共享创业理念。和民集体能在中国取得成功，离不开中国员工的努力。

4月中旬，我刚到上海、深圳、香港、台北、新加坡、马尼拉、吉隆坡等地的分店视察了一圈。我发现，上海店开早会的做法是，每天从由我发言编写成的《理念集》里摘取一段，由一名员工先大声地朗读，然后所有员工一起交换意见，说说自己的感想。每天如此。我看到后很是震惊，即使是日本的直营店，也没能做到这样。听到中国员工们谈感想，我认识到，他们已经能够理解和民集团的经营理念。

跪式服务曾在中国受抵触

《日本新华侨报》：您曾指出，餐饮业是日本非常值得推崇的出口产业，应该将日本的饮食文化、服务模式等推广到全世界。那么在海外餐饮市场，尤其是中国餐饮市场，又是如何看待日本的服务模式呢？

渡边美树：2001年，和民集团在香港开第一家店时，就遇到过服务模式上的难题。中国员工们对实行日本跪式服务有着极大的抵触情绪，认为没有必要那么做。

我就跟大家沟通，"如果你是客人的话，欢迎不欢迎跪式服务？既然是受欢迎的做法，为什么不贯彻下去？服务于他人，并不代表着低于他人。服务是一种很崇高的精神"。现如今，和民集团的所有海外店铺都在实行这种跪式服务。员工们也理解并接受了日本的跪式服务。只要能够理解，实行起来就不再有抵触情绪。

中国市场是日本的十倍以上

《日本新华侨报》：伴随着日本社会老龄化问题的加剧，贵公司除餐饮业外，还开展了老年人护理、便当送货上门服务等多元化产业。今后，中国也将逐渐步入老龄化社会，有没有考虑过在中国也发展这些多元化产业？

渡边美树：在最近一次到中国各地视察时，我对上海、深圳、香港的员工们都说，计划将多元化产业模式推广到全世界。届时，我还需要借助大家的力量，也希望大家都能抓住这个难得的发展机遇。

无论是老年人护理还是便当外卖事业，中国内地有着比日本大十倍，乃至十五倍的市场。今后我们是一定要把这些服务项目都发展到中国的。

日中不应为了芝麻丢西瓜

《日本新华侨报》：2012年9月，中国爆发较大规模的反日游行运动。此后，日媒在报道中一直强调"中国风险"，很多日资企业也开始重新调整亚洲战略，不再把事业重心放在中国市场。面对上述情况，您是如何考虑的？

渡边美树：在2012年9月的反日游行期间，我们在中国内地的几家店铺因此停业了一周左右。受影响比较严重的是广东地区的分店，自反日游行发生到现在，销售额一直没出现回涨。

对于所谓的"中国风险"，我的理解是那并不单指在中国市场投资的风险，也指日中关系所存在的风险。日中两国的经济关系和政治关系息息相关，目前两国关系又因钓鱼岛问题而变得很不愉快。但我个人认为，日中两国只能也必须和睦相处下去，因为日中两国如果有矛盾，对彼此来说都没有什么好处。

所以呢，日中两国应该向着更大的价值和更大的幸福去努力，两国政治家在掌舵时都要看清这一点。

如果日中两国做不到这一点，不仅是对日中两国不利，同时也是对其他国家不负责任。日本和中国作为两大重要的经济强国，有责任引领整个亚洲共同前进。

年轻人应考虑如何创造价值

《日本新华侨报》：眼下，无论是中国的年轻人，还是日本的年轻人，都普遍很"宅"，缺乏对外探索的精神。对于这些宅男宅女们，您有何建议呢？

渡边美树：我希望大家都能拥有自己的梦想。为了支援年轻人的梦想，我在日本还创立了一个公益团体"实现大家的梦之会"，每年召开"梦的祭典"大型集会。

如今，日本的年轻人没有自己的梦想，满足现状。中国的部分富裕阶层年轻人也表现出同样的倾向，但是那些从地方城市来到大城市找工作、求发展的青年们非常积极进取。我认为日本的年轻人有必要向他们学习。

日本年轻人有一种普遍想法是，只要自己没给别人添麻烦，那么做什么都可以。而我希望他们能去考虑，自己要怎样做才能体现出自己的价值。不仅年轻人要这样考虑，就连我们这些中年人也要有这样的追求。这不仅是日中两国年轻人的事，同时也是我们这些中年人要共同考虑的事。

中国的变化之快令人目不暇接

《日本新华侨报》：截至目前，您应该去过很多次中国了。您对中国印象最深的事情是什么？

渡边美树：我将近去了30次中国，印象最深的，就是中国的变化之快令人目不暇接。尤其是像上海、广州、深圳这样的大城市，和十年前相比，简直是大变样。在人类社会的自由贸易发展史上，中国取得了最大的成功。

在最近的这次考察中我还发现，自从习近平主席出台新政，限制"三公消费"后，中国那些高级饭店的顾客明显减少。我相信这个新政策会为中国带来新的发展。

《日本新华侨报》：限制"三公消费"，对您在中国的餐饮店也有一定影响吧？

渡边美树：的确有影响，但有影响也没关系。比起在客流量及顾客消费额上的得失，我更在乎的是这样做正不正确，对中国好不好。凡是正确的事情，对中国好的事情就应当支持，所以我非常支持习近平主席这样做。

采访后记：采访结束的第二天，记者就收到渡边美树写来的感谢信。一个上市企业的老板，在接受采访以后，给采访记者写感谢信，这在日本或许也是不多的。在这封信中，渡边美树还透露，自己将人生分为起、承、转、结四阶段，每25年是一阶段。目前自己正处于"转"的阶段。记者在希望渡边有一个好的"转"向同时，也期望大家一起推助中日关系"转"向好的方向。

㉝ "讨人喜欢的人才能获得成功"

访摩斯饮食服务公司会长兼社长樱田厚

摩斯饮食服务公司会长兼社长樱田厚

在麦当劳、肯德基等美资快餐连锁店林立的日本，有一个看似夹缝中求生存的汉堡品牌——摩斯汉堡。这是个土生土长的"日本货"，坚持使用国产蔬菜国产肉，每家店铺的小黑板上，都会标明当天使用的莴苣、西红柿等产自日本什么地方，出自哪位农户之手。依靠自己的个性和特色，摩斯汉堡把夹缝走成了阳光大道，在日本国内遍地开花，有1400多家店铺，香飘海外8个国家。

摩斯的会长兼社长樱田厚，高中学历，从打工的店员起步，做到了店长，又做到了社长，一路走得也是相当励志。成功是不可模仿的，但成功绝对是可以学习的。2014年4月11日，《人民日报海外版日本月刊》《日本新华侨报》记者联袂走进摩斯饮食服务公司的东京总部，采访了会长兼社长樱田厚。

坚持自我定位做利基型企业

《日本新华侨报》：作为日本土生土长的汉堡，摩斯在日本47个都道府县共有1400多家店铺。在麦当劳、肯德基等全球性快餐店林立的日本，摩斯是如何做到脱颖而出的呢？在同类行业中的自我定位是什么？你能给解释一下摩斯（MOS）名字的由来吗？

樱田厚：MOS的创业者特别喜欢登山，喜欢和大自然接触。他说，人在年轻时，会遇到各种各样的烦恼，学习上的，恋爱上的，社团活动中的。但当人接触、融入到大自然，从山顶向下看，就会觉得这些烦恼非常渺小，小到不值一提。在大自然面前，人类本身就是渺小的。人类社会，其实一直都在接受着大自然的恩赐，所以人类不应该凭自己的心愿去改变、破坏大自然，而应该以大自然的胸怀，像大自然那样为人类社会做贡献。这是创业者对自己公司的期待。

他将这份期待放入了公司名字里。MOS，是Mountain（高山）、Ocean（海洋）、Sun（太阳）这三个英文单词的首字母组合。M代表的是像高山一样气势雄伟的气魄，O代表的是像海洋一样心胸宽阔，S代表拥有像太阳一样燃烧不尽的热情。

大约是在四五十年前，日本人对于快餐业还存在偏见。MOS就是在这样一种社会环境下创业的。在创业最初，我们就下定决心，要致力于提高快餐业在日本的社会地位和社会认知度。

1970年肯德基进驻日本，1971年麦当劳进驻日本，给日本的快餐业带来了冲击和改变。同时，也让我们认识到，同样是快餐业，我们是无法跟肯德基、麦当劳那样，有着雄厚资金的美国企业同台竞争的，我们要有自己的特色、个性，和他们区别开来，以质量取胜，以卫生管理取胜，以对顾客的真心度取胜。

其实，市场上任何领域的企业，都分为领导型企业、挑战型企业、追随型企业和利基型企业。比如说在汽车领域，丰田就是领导型企业，日产就是挑战性企业。在快餐领域里，摩斯汉堡可以说是利基型企业，凭借自己的特点，走自己的路线，这就是我们在快餐行业里的一贯坚持的自我定位了。

战略重心主要放在亚洲国家

《日本新华侨报》：亚洲国家的饮食文化看上去是相似的，实际上却各有各的价值观。我了解到，摩斯汉堡在亚洲很多国家都有店铺，进驻中国也有三年多时间。目前在中国的发展现状如何？今后有哪些计划？有没有考虑过在中国将摩斯汉堡的产品"本土化"？

樱田厚：在大家的关爱下，摩斯汉堡在日本国内市场，无论是纯收益，还是店铺数，都仅次于麦当劳，成为同类行业里的"老二"。和"老大"麦当劳一起，占据了整个市场的9成左右。

摩斯首次进驻海外市场，是在23年前，如今在新加坡、泰国、印度尼西亚、澳大利亚、中国、韩国等国家都有分店。回顾这23年的海外发展史可以发现，我们的战略重心主要在亚洲国家。

摩斯在中国内地的厦门、上海、广州等沿海城市，一共有24家店铺。今后的计划是逐步向中国的西部城市发展。自从进驻中国后，摩斯的产品也会根据地区的不同，做出一些调整。比如越往南的城市，就越喜欢香辣口味的。

但我们不会改变品牌特色，进行"本土化"。因为中国也有很多符合当地人民口味与喜好的中式快餐店，也有麦当劳、肯德基等美式快餐店，和这样的店铺进行价格竞争，我们是无法取胜的。我们只有保持自己的个性、自己的特色，才能赢得固定的客户群。

日本亚洲投资公司在福建省软件园的店

什么也比不上经历和体验

《日本新华侨报》：四月，是日本各大高校学生告别校园，走出社会的月份。从这个四月开始，他们就将换上西装，从此告别学生身份。俗话说，老师能原谅的，老板不一定原谅。对于这些刚刚迈入社会的新人，你有什么好的建议吗？作为社会人，他们最需要学习的是什么？

樱田厚：我经常跟员工们强调，没有什么能比得上经历和体验的，要积极地去经历、体验各种各样的事物，丰富自己的内心和生活。

人生的财富，就是看你在有限的时间与有限的年数里，能经历、体验多少东西。每经历与体验一次新鲜事物，你的人生就会多一个抽屉。你的抽屉越多，你拥有的财富就越多。在遇到不同情况时，还可以打开不同的抽屉，以丰富的经验去对应。而人的自信与正能量，就在过程中随之增长。

讨人喜欢的人才能获得成功

《日本新华侨报》：你在21岁那年进摩斯打工，2年后做上了分店店长，后来又做到了社长，这一路可以说是走的非常励志。鼓舞你从最基层做到最高层的理念或是人生观是什么？一个好的，能够发展壮大的企业都是以人为本的，父母亲及摩斯的创业者对你有什么影响？

樱田厚：我的人生观的形成，主要受到父亲和母亲的影响。父亲在我17岁那年，也就是我一生最为多愁善感的时期去世的。

父亲沉默寡言，不擅长表达，和我经常说的两句话是，"知道了""你马上去干"。我从前只感觉他是个令人害怕的人，我们从来就没有像其他父子那样，坐在一起聊聊天。

父亲有一个写日记的习惯。在他去世后，我一直珍藏着他的日记。通过日记，我才知道父亲的行文有多么优美，同时也了解到父亲的想法，他认为做人最重要的，就是要正直与谦虚。

由于父亲过世得早，所以我的母亲是又做妈妈又做爸爸。她的坚强不屈让我长大后对女性格外敬重。母亲经常跟我强调的，是要做一个对他人、对社会有贡献的人。因为她本身经历过生离死别，所以她还跟我说，要坚持自己的理想，不必拘束于一些小节，除了生死，都是小事。

摩斯创业者对我的影响也很大。他曾经几百次、几千次的告诉我，如果一个人不讨人喜欢，那么他在社会上就不可能成长、成功。那什么样的人才叫讨人喜欢的人呢？讨人喜欢的人，不是会说些恭维的话的人，而是能发现别人身上优点的人。就算一个人身上有九成是缺点，也总会有一处闪光的优点。能发现那一个优点的人，才是讨人喜欢的人。因为这个社会流行的是"减分主义"，大家都爱挑人的缺点，比起你做到了什么，人们更关注的，是你没做到什么。

佩服中国人有很强的个人能力

《日本新华侨报》：我了解到，为了发展海外事业，你在台湾生活过5年多时间，在上海也生活过1年半。你对中国和中国人有什么印象？

樱田厚：由于日本是个岛国，四面环海，因此除广岛、长崎的原子弹外，日本可以说是没怎么被攻击过。日本人是被环境保护起来的单一民族，所以比较擅长听从指挥，集合大家的力量去做一件事，群体意识和群体能力比较强。

与此相比，中国人的个人能力非常强，令人佩服，他们能够明确地说出的自己个人主张，这是日本人所不具备的性格特点。我的妻子是台湾人，她很自立。

日中的关系最好是在不伤害彼此的面子的前提下，面向未来，通过对话方式找出一个折中的，具有建设性的方法。为了五十年后，一百年后的未来，两国坐下来谈判解决，一起合作，才是最为理想的。

采访后记：采访结束后，记者依照惯例，请樱田厚社长为《日本新华侨报》签字留念。樱田社长不假思索地写下了"正直与谦虚"。这是一位沉默寡言的父亲，在日记里留给孩子的人生箴言。

换位思考才能让日中关系进入新时代

访日本贺茂鹤酿酒公司名誉会长石井泰行

3.4

日本贺茂鹤酿酒公司名誉会长石井泰行

日本人常说，清酒是上帝的恩赐。一千多年来，清酒一直是日本人的骄傲。大型宴会上，结婚典礼中，陌头酒吧间或寻常百姓家，日本随处可见清酒的身影。很少有一个国家，像日本这样，沉醉于一种酒中，魂萦梦牵。

而日本皇室的御用清酒——贺茂鹤清酒，则是清酒中的王者，在日本有"酒王"之称。成立于1623年，距今已有近400年历史的贺茂鹤酿酒公司生产的清酒因工艺精致细腻，品质优良有保证，是日本国宴和各种高规格宴会的首选。

近日，《日本新华侨报》在位于广岛的贺茂鹤酿酒公司总部，采访了该公司名誉会长石井泰行。这位当年靠着《毛泽东选集》学习中国经济，在神保町旧书店翻找鲁迅作品的早稻田大学生，至今还记得1954年迎接郭沫若率领中国科学代表团访日的情景。他从年轻时开始，就一直紧密关注着中国。也正是中国改革开放后，最先把日本清酒送入中国市场，让石井泰行在事业上取得了巨大成功。一谈到日本清酒和中国，他眼中就开始散发出异样的光彩。

当《日本新华侨报》记者问到贺茂鹤清酒作为传统酒类，依靠什么在全球竞争激烈的酒类市场上站稳脚跟时，石井泰行告诉记者，抓住中国市场就是最大的秘诀！他说，最近几年中国市场对日本清酒的旺盛需求，让公司获得了巨大发展。以前贺茂鹤清酒的主要出口市场是美国，但现在公司出口到中国的数量是美国的三倍。石井泰行还说，其实不仅是日本清酒，法国的葡萄酒等其他国家的酒类也是一样，法国葡萄酒在法国国内的销售额急速下降，但是出口到中国的数量却在增加。他认为，当今世界，离开了中国市场，酒类公司就不可能成功。

中国有句俗语叫"酒品见人品"，酒在很大程度上也反映了国民性格。与浓烈的中国酒比起来，日本清酒清淡爽口。不少学者认为这和中日国民性格有关，石井泰行对这个问题则有独特的见解。他说：中国酒和日本酒确实有所不同，这是因为酿酒方法不同造成的。中国酒一般是蒸馏酿造，而日本酒主要是通过发酵酿造，所以口感肯定不一样。石井泰行发现，由于体质不同，中国人酒量大，所以中国白酒浓烈；而日本人容易醉，所以日本清酒清淡。但他认为，无论中国人还是日本人，酒喝下去后那种似醉非醉的感觉是一样的，都是人生一大快事，在这一点上，含蓄的东方民族是共通的。

谈完酒文化，《日本新华侨报》记者又提出了酿造清酒的大米问题。福岛第一核电站事故发生后，日本不少粮食主产区遭受了核辐射污染，不少人对于酿造日本清酒的大米非常关心。日本最近也开始从中国进口大米。此种情况下，中日两国都有人提出，日本不妨用中国的优质大米来酿造日本清酒。对这个问题，石井泰行给出了专业意见。他介绍，酿酒用的大米对气候条件的要求非常高，即使在日本，使用不同的大米，酿出来的酒味道也不一样。比如广岛县的大米、秋田县的游佐大米、京都的伏见大米，酿出来的酒味道就完全不一样。为了保持贺茂鹤清酒的传统味道，就必须使用广岛县产的大米。以前也有日本酿酒公司进入中国后，用中国当地大米酿造过清酒，但由于味道差别太大，销售情况并不理想。

日本贺茂鹤酿酒公司的产品

围绕最近在中国酒类市场上，日本清酒被定义为成功人士饮用的酒类，一瓶普通的500毫升贺茂鹤清酒能卖到980元人民币左右，而在日本国内，清酒却显得相对"平民化"这一引发中国社会热议的问题，石井泰行觉得不少人存在误解。他说，日本清酒有各种档次。既有大众化的酒，也有档次比较高的酒。贺茂鹤清酒瞄准的是消费能力较强的高端人群。石井泰行自豪地给记者讲述了一段逸事。昭和天皇的80岁生日庆典，是由当时的皇太子（现在的明仁天皇）主持的。他当时想让樱花形状的金箔浮在酒杯中，然后干杯。了解到他的意思后，石井泰行和大家一起将金箔附在樱花花瓣上，然后放入酒中。位于丸内地区的"山水楼"，负责制作天皇生日庆典的中华料理。"山水楼"的宫田社长后来告诉石井泰行，皇室所有成员都将金箔喝光了。这以后，"特制黄金贺茂鹤"酒里的金箔就从四角形状变成了樱花形状。现在的皇太子在英国留学时，指名要喝这种酒，每次都由日本送到英国大使馆。秋筱宫亲王从山科鸟类研究所的招待会以来，也是一直选用的"特制黄金贺茂鹤"酒。

对于现在中国成功人士开始饮用高档日本清酒的现象，石井泰行直言不讳地说，他们中间有些人确实懂得日本清酒文化，但也有一些人只是将饮用高档日本清酒作为身份和地位的象征，并不懂得其中的内涵。只有物质和精神都"富"起来后，才能真正懂得清酒的意义。

贺茂鹤清酒一直在日本清酒中傲视群雄，多次在世界各种顶级评酒会中获得大奖。那么，贺茂鹤清酒是如何做到这一点的呢？石井泰行向记者介绍了公司的核心理念。他认为，公司的成功最重要的是精神上的东西。就好比做寿司，用自己的手捏出来的寿司和用机器捏出来的寿司就不一样。有心才有贺茂鹤清酒，这是贺茂鹤酿酒公司的理念。石井泰行说，科学技术是必须的，但是比科学更重要的是信念。贺茂鹤清酒不是轻易做出来的，每一瓶都倾注了公司员工的心意。那小小的一杯爽口清酒里，消费者每品一口都能感受到那浓浓的心意。

采访结束时，石井泰行特别谈到了目前日中两国之间"政冷经热"的问题。他语重心长地说，日中虽然相距很近，但相互不知道的事情还有很多。只有双方真正开始换位思考，学会理解对方，日中关系才能进入新的时代。

35 日中需在食品安全问题上互相借鉴

访株式会社Gourmet社长椋本充士

1990年5月，一个年轻人按照事先电话约定的时间，来到日本成立近20年的餐饮连锁集团"杵屋"的人事部里面试。人事部长接过他的履历书后，很快就抬头长时间地看着他，指着"父亲"一栏里面填写的名字问："这是你父亲？"当他点头肯定的时候，人事部长起身走向社长室，问道："社长，怎么有一个人自称是您的儿子来面试呢？"……

是的，这个前来应聘之人，就是"杵屋"的创始人椋本彦之的长子椋本充士。岁月如梭，又经过整整20年的努力，椋本充士犹如参加接力赛的运动员一样，一程一程地奔跑，自己做到了社长，并且在上任2年后，扭转了亏损的局面。

2013年末，日本料理——"和食"入选联合国教科文组织确定的"世界非物质文化遗产"，成为世界上第五项食文化遗产。2014年1月22日，《日本新华侨报》记者采访了被称为日本"和食产业的战士"的椋本充士，倾听了他对"和食"魅力的理解以及对食品安全等问题的看法。

"和食"与日本的"道"是相通的

《日本新华侨报》：现在，无论是中国还是日本，都对饮食文化、食品安全等问题给予了高度关注。"和食"，也在2013年末入选"世界非物质文化遗产"。作为日本450多家饮食连锁店的负责人，您是如何认识"和食"的？"和食"风靡全球的魅力在哪里？

椋本充士："和食"，也被叫做"日本料理"。它是在日本的风土人情里孕育出来的产物，也是日本独特的价值观和哲学的一种体现。日本有一个词，叫"道"，是将一些技能、技巧演绎成为具有文化底蕴的"道"，比如说，书道、花道、茶道、柔道、棋道、剑道、空手道，等等。其实，但凡在日本作为"道"的，都和料理有着密切的联系。

中国叫"厨师"，日本叫"料理人"。作为"料理人"，他们在业余时间也要学习茶道、花道、书道等，并将其运用在料理上，比如重视挑选器皿和拼装摆放时的美感等。日本料理与"道"之间是相通的。这就是我眼中的"和食"。

"和食"，即是料理、餐饮，又不仅仅是料理和餐饮，它具有独特的文化内涵，所以能够风靡全球，也有足够的理由入选"世界非物质文化遗产"。

让顾客满意得在"人"上下功夫

《日本新华侨报》：我了解到，你在就任社长时，公司正面临困境，已经连续2期赤字经营。后来，你对公司内部进行了一系列改革，最终力挽

株式会社Gourmet社长椋本充士

危局，不仅扭亏为盈，还有了更大的发展。你是怎么做到这一切的？改革的指导理念是什么？

椋本充士：我们公司从创业到并购到今天，已经走过了46个年头。出现赤字大约是在4年前，也就是公司进入成熟期的第42年的时候。我当时也在苦苦思索，为什么一个已经创业40多年，进入成熟期、稳定期的企业还会出现赤字呢？

后来通过研究数据，我发现，其实赤字经营不是最近才出现的，而是从20年前就有了小的苗头和倾向。但当时没能注意到，所以就发展成了连续两期赤字的局面。

在公司创立最初，创业者和员工们的目标，都是努力将公司尽快做大，做成日本一流的饮食连锁店，成为上市企业。这个初衷是好的。但由于大家脑子里全是销售额和利益，所以走着走着就忘记了最重要的东西，那就是从顾客的角度出发，为顾客考虑。

对于公司来说，销售额和利益固然重要，但支撑公司的根本还是顾客。有了顾客，公司才能生存。

我在进行改革时的指导理念只有一个，那就是"回到原点"，时刻考虑怎样做才能使顾客感到满足、满意。饮食店是人与人面对面的产业，所以要想让顾客满意，还得在"人"上下功夫。

由于是赤字经营，所以很多经费都需要缩减，但我在对员工的教育费用上，不仅没有缩减，反而又注入了投资。

从最终结果来看，我认为，扭转员工想法，重视员工教育，才是改革成功，逐渐恢复营业额的主要原因。

要做出让中国人喜欢的"和食"

《日本新华侨报》：我了解到，目前，"杵屋"已经在美国、泰国开店，正准备在中国的上海开展自助式乌冬面的加盟店。你预测"和食"产业在中国市场的发展前景会怎样？"杵屋"有让中国顾客接受和喜欢的自信吗？

椋本充士：我认为，对于"和食"来说，中国市场是非常大的。其实我们公司以前在日本也做过中式餐厅，我也是在那个时候结识了香港的朋友。香港的朋友又介绍了一些中国大陆的朋友给我，我们彼此建立了很好的人际关系。

在那个时候，我们之间还没有生意上的合作，但来往很是频繁。通过和他们的交流，我就发现，中国消费者的市场需求越来越多样化，对于各国饮食的接受也很快。所以我对今后"和食"进入中国市场，被中国人接受和喜欢充满了期待。

这次，我恰好有机会和上海的朋友一起合作开店。店铺目前正在准备阶段，预计3月份左右就可以在上海正式开张。我们计划未来3年内在中国大陆开到20家餐馆。当然，每个国家有每个国家独特的"食文化"，没有哪国的饮食能够保证让外国的民众都接受。就拿麦当劳为例，美国的麦当劳店和日本的麦当劳店所出售的食品就不一样。我认为，必须融合当地的特色，迎合当地顾客的口味，才有"和食"在中国的发展空间。

今后，我们一定会根据中国顾客的口味和爱好进行一些调整和改革，做出中国人最喜欢的"和食"，把顾客的需求始终放在第一位。

日中两国应在食品安全上互相借鉴

《日本新华侨报》：近年来，中国的食品安全问题屡屡被推上风口浪尖，消费者们也是忧心忡忡。最近，日本也连续发生了几起高级酒店和高级百货食品标识造假的事件。"杵屋"旗下有450多家饮食连锁店，对于食品安全的管理有什么特别的战略？在这个问题上，中日两国有没有可以相互借鉴的地方？

椋本充士：关于食品安全问题，我还真想说几句。其实这几年，日本也接连曝光了多起以假充真、以次充好的食品问题。为什么会有这种事情出现呢？我认为是有不少人都抱着"如果程度不是很严重的话就算了吧"的姑息心理。

对于我们这些做饮食行业的人，最基本的就是不能掺假，如实标识，提供给顾客安全、安心的东西。我们的饮食连锁店也使用着来自中国大陆的蔬菜等，公司内部也设定了独自的、更为严格的"安全准则"。大家互相检查，互相监督，共同来遵守食品安全。

最近，日本媒体对几年前发生的从中国进口的"毒饺子"事件又有了后续报道。对于这类的事情，不是应该去讨论哪个国家好与不好，而是应该看到最终的受害者都是消费者们，是我们自己。

我看到日本媒体还经常报道中国的大气污染问题。其实，日本以前也有过空气污染问题的。我记得上小学的时候，因为雾霾严重，好几次学校都不让我们在课间到操场上玩儿。当时，我还看过一部科幻电影，讲的就是因为工业废弃物的排放，东京湾的淤泥里有怪物等。

可以这样说，中国目前经历的事情，日本从前也都经历过，这是一个处在经济高度成长期的国家必须面临的。我认为，现在日中两国不应该只把焦点集中到外交问题上，而应该在治理大气污染和食品安全问题上互相借鉴、共同提高。日本也应该考虑能为中国做点儿什么。中国的食品安全出现问题，对于日中两国来说都是不幸的。日本的媒体在报道方式上也应该进行检讨。

和中国朋友的友谊是人生财富之一

《日本新华侨报》： 日媒有评论认为，眼下的中日关系已经降到了自1972年恢复邦交正常化以来的最低谷。俗话说，"民以食为天"。你认为，"和食"能够为推进中日关系发挥作用吗？你个人对中国以及中国人有什么印象？

椋本充士： 日中关系的确存在一些问题，比如说领土问题等。其实我和中国的朋友们也围绕这个问题进行过讨论。讨论过后得出的结论是，领土问题不是我们这一代能够解决的问题，要留给我们的孙子辈去解决。

要想解决问题，就需要非凡的智慧。过去的惨痛经验告诉我们，依靠战争什么也解决不了，只有彼此合作，拿出非凡的智慧才有可能解决这个问题，我觉得这是非常重要的。

我去中国时，感到中国的朋友们都非常友好、热情，没有因为我是日本人就对我抱有偏见。同样，在中国的朋友们来日本时，我也全心全意地款待他们。在我的个人生活里，完全感觉不到日中关系像媒体说的那样糟糕。

这次，我是和上海的朋友一起合作在中国开店，我希望公司也能以此为契机，成为推进日中两国关系的民间友好力量。不久前，我们公司就应中国一家饮食连锁店的要求，派出工作人员到宁波进行技术帮助。今后，遇到这样的情况，我们也会义不容辞的支持。

到目前为止，我一共去过中国十次左右，走过的城市有上海、北京、西安、宁波、广州和香港等。能在中国结识那么多朋友，和大家建立起深厚的友谊，这也是我人生的财富之一。在和大家结识时，我们都没想过有一天会

Gourmet大阪总社外观

在一起做事，当时就是觉得心意相通、情投意合。在做了20多年朋友后，我们第一次在一起合作开店。我觉得这也是一种奇妙的经历。

谁能想到社长的儿子会跑来面试？

《日本新华侨报》：我了解到，你在大学毕业后，曾到其他公司工作过。后来是作为普通应聘者到你父亲一手创立的公司，也就是"杵屋"参加面试的。你对公司的创立者，也就是你的父亲持有什么样的印象呢？

椋本充士：对于父亲的印象可以用一句话来总结，那就是"非常地严格"。父亲从小就对我要求严格。

还记得当年临近大学毕业，我开始找工作。我问父亲："我开始找工

作了，你觉得我该怎么办好呢？"其实我当时挺期待他能说，"那就来我们家的公司帮我啊"。可是父亲给出的回答是："自己的人生，自己来决定。"完全没有让我进自家公司的意思。

于是，我就进了其他公司工作。又过了几年，我还是想到父亲的公司工作。在和母亲商量后，一天吃晚饭的时间，我对父亲说："我想辞了现在的工作，进您的公司，您看怎么办？"父亲说："你要进公司就先去面试啊！""找谁面试呢？""去跟公司的人事部联系！"

这样，我就打电话联系了父亲公司的人事部长，想得到一次面试的机会。而人事部长完全不知情，直到面试当天，他看我履历书的"父亲"那一栏里，填写的是自己社长的名字。部长当时就愣了。然后让我等一下。再后来，我就听到社长室里，传出父亲训斥部长的声音。"你是人事部的部长，识别人才，决定是否录用就是你的职责。可你却跑来问我，你不觉得很可笑吗？"当然，我后来正式跟部长道过歉。谁又能想到社长的儿子会跟一般人一样跑来面试呢。

在我进公司不久，公司就计划在日本开展中餐饭店。为此，我去中国的广州、香港等地"取经"，结识了很多中国的好朋友。我父亲是在5年前去世的，中国朋友来日本的时候，还在父亲的遗像前鞠躬，令我非常感动。

因此，我相信，就算日中两国间有摩擦，人与人之间的真心交往，也可以跨越这些问题。

采访后记：在日本，我已经采访过许多财经界的大腕了。这次，让我感动的是，采访结束以后，椋本充士社长亲自把我送到公司的门口。当我走出一程，到路口不经意地回头一望时，椋本充士社长依然站在寒风中目送着我。一位上市公司的老板，一位拥有40多年历史公司的老板，如此待人，细节之处见精神。

36 将"小肥羊"带入日本的"牧羊人"

记著名火锅连锁品牌"小肥羊"日方代表青山浩

"小肥羊"日方代表青山浩

2005年，中国著名火锅连锁品牌"小肥羊"上海陆家浜店里，又来了常客。他是位日本人，汉语会说的不多，却极其会吃，在红白两色锅底，鲜辣两种口味中，他吃的是不亦乐乎，嘴角含笑。

来的次数多了，就连见过形形色色客人的店员都对他产生了好奇心理，"不是说日本人平常不吃羊肉吗？"后经了解得知，这位来自日本的常客，名叫青山浩，是IT上市公司"WEBCREW"的董事长。

敢吃的人

　　敢吃的人！青山浩原本就是个涮锅爱好者，每次到中国的分公司出差，都会找机会各处品尝火锅。在视察上海分公司期间，他偶然吃到了"小肥羊"，因为美味难忘，自此便一发不可收拾，平均每隔一周，就在周五晚上坐飞机到中国，周日晚上再飞回日本。为的，就是品尝这口肉质鲜嫩，久涮不淡的羊肉火锅。他说："'小肥羊'，是我吃过所有火锅里最好吃的！"

　　好吃到什么程度呢？好吃到了他必须要把这个品牌的火锅推广到日本社会，好吃到了他这位日本IT界的风云儿想跨界加入餐饮行业。

敢干的人

　　敢干的人！熟悉青山浩的人就会知道，他想从IT跨界餐饮，其实并不令人意外。从东京大学法学部毕业的青山浩，有着果敢的判断力和超人的行动力。在日本经济整体下滑的90年代，就业如同千军万马过独木桥，能够顺利进入一家大型企业，是绝少有人会中途自己辞职的。但青山浩却选择在26岁那年，辞去了令人艳羡的富士银行（现瑞穗银行）的职位，转行为自己创业做准备。而当他的公司在商务市场获得巨大成功后，他又迷上了中国的"小肥羊"。

　　说干就干！青山浩对"小肥羊"品牌进口日本的重视，甚至超过了中国"小肥羊"集团决策层的意料。从店铺选址到内部装修，样样事无巨细，他会为了"小肥羊"名片的设计，和中方负责人足足谈上一下午，要求精细到了字号和字体，他会为了给店员设计工作服装，整整花上两个多月功夫，真是令中方负责人大呼无奈的同时，又倍感敬服。

敢拼的人

敢拼的人！从2006年9月，"小肥羊"在东京涉谷开设了第一家日本分店后，经过7年多的努力耕耘，如今，东京的新宿、赤坂、银座、品川、吉祥寺，横滨的关内，大阪的心斋桥，北海道的札幌等11个地方都有"小肥羊"在飘香。

青山浩自己说："我在日本做'牧羊人'，首先是出自对小肥羊的热爱，其次是这么好的东西必须推广，最后才是获利。"但相信来日本年数较多的人都知道，日本人，平时其实是不大吃羊肉的。在将"小肥羊"引入日本时，他难道就没有过顾虑吗？青山浩笑了，"没有顾虑！因为我深知小肥羊的火锅有多么的好吃，而且有益于健康，是非常优秀的饮食。我在最初就确信，如果我能把这个品牌的火锅推进日本社会，一定会受到欢迎。美食，在世界各地都是共通的，人人都热爱美食。从前欧美人坚信吃生鱼会得病，但现在日本的寿司在欧美很流行，中国的'小肥羊'也是一样。它卫生、美味又健康，没有道理人们不热爱它！"

青山浩还有一个长远的计划，要将中国的羊肉大量进口到日本。"现在，日本正在讨论加入TPP的问题，我特别希望能把中国的羊肉大量的进口到日本，进一步扩大'小肥羊'的市场。这样既不会给日本的畜牧业带来影响，又能让日本人吃到健康美味的羊肉。"

敢言的人

敢言的人！如今，中日两国关系已经降至自1972年恢复邦交正常化以来的最低点。中日两国关系的恶化，也影响到了两国的国民感情，令不少的中日贸易人都叹生意难做。作为一位在日本放养中国羊的"牧羊人"，青山浩则认为："在认识到分歧的基础上，日中两国也要从民间的角度继续进行友好交往，照着这个方向努力下去。如果日中两国都坚持走友好道路，就会为问题的圆满解决增加原动力。据我观察，无论是日本人还是中国人，其实对彼此还是很关注的，在相处时也都彼此尊重。"

日本时事通讯社调查结果显示，安倍内阁支持率在2014年7月降到了44.6%，是自2012年12月第二次安倍内阁成立以来的最低点。对于日本政治逐渐右倾化的现象，青山浩以其独特的经济视角，从日本社会整体的变化进行分析。"判断一个国家是否向着好的方向发展，主要是看这个国家的人口增减。如果国家整体价值上升，人口自然而然就会增长，如果国家整体价值下降，人口也会因此减少。现在从全球范围来看，外国对日本的需求减少，日本人的工作机会减少，社会资源也在减少，自然人口也随之减少。日本年轻人为什么婚后不想要孩子？就是因为心里有不安，在社会资源不断减少的过程中，人们本能的产生一种危机感，想去争抢。"

作为日本经济界领头人之一，青山浩是这样评价"安倍经济学"的。"在现有状况下来看，'安倍经济学'虽然存在不足，但也是不得不实施的策略。'安倍经济学'主要的作用是给日本人创造一个环境，今后日本经济能够向着好的方向发展，取决于日本人在这个环境下能够进行多少努力。作为领导人，作为首相，最重要的是能给大家指出一个明确的方向。安倍首相在外交和军事方向的确存在问题，但他的经济政策还是可圈可点的，呼吁有才能的人自己创业，在努力唤起日本人的协调精神。"

敢为的人

敢为的人！"小肥羊"日本店从2006年的一家，发展到现在的十一家，也并非一路皆是坦途。青山浩就坦言，在这期间，他遇到的最大难关，是人才录用和人才教育问题，同时他也认为这是所有企业都会遇到的问题。"挖掘、发现好的人才，就跟记者跑新闻一样，靠的都是自己的脚和眼光。我在工作中会接触到很多人，一旦发现对方是个人才，我就会全力说服他到'小肥羊'工作，向他推荐品牌的魅力，为他设计入社后的发展方向和前景。"在这个说服的过程中，青山浩的人格魅力也是打动对方的重要因素。

如今，加上临时工，"小肥羊"在日本有100多名中国员工。作为一个国际化企业，青山浩的用人法则是，因才施用，人尽其才。"我只看个人工作表现，不会去根据国籍判断。凡是有能力的人，不管是日本人还是中国人，我都会给他相应的社内地位，以此鼓励他做出更大的成果来。事实上，我的得力秘书就是一名中国人，她最初只是一个临时工，依靠自己出色的工作表现脱颖而出。我经常跟员工强调的是，大家要彼此学习，吸收长处，共同进步，中国员工要多向日本员工学习日语，日本员工要多向中国员工学习汉语，我本人现在也在通过工作，一点点学习汉语。其实我还是有一些汉语基础的，我大学时选择的第二外语就是汉语。"

敢当的人

敢当的人！在成功的道路上，青山浩学习的对象，不是现代的"经营之神"，而是创建了德川幕府，在日本历史上开创出长达260多年和平统一局面的德川家康。他认为，"德川家康有着非凡的忍耐力，能够清醒地认识大局，顺应时势，伺机而动。"而他自己又何尝不是在入迷于"小肥羊"的鲜美后，立即意识到这是个商机，潜心策划，精益求精，无论是选择店址还是名片上的文字，他都事无巨细，在最合适的时机，向日本社会推出了"小肥羊"。

德川家康曾遗憾自己年轻时忙于奔走战场，不曾潜心研究学问。他跟本多正信说："我没有学问，但我曾从他人处学来一句老子的话，一直未敢忘记——'知足者常乐'。"而青山浩的座右铭，也是一句中国成语——"塞翁失马，焉知非福"，与老子的"祸兮福所倚，福兮祸所伏"相通。青山浩诠释道："福与祸都不是绝对的，它们相互依存，互相转化，无论是在何种情况下，人都要坚持努力，危机也能化为机遇。"

是的！这就如同"小肥羊"的经典红白鸳鸯锅一样，内含太极阴阳，生生不息。在日本，"小肥羊"的火锅里不但涮出了中华源远流长的餐饮文化，还涮出了超越国境的文化交流。

采访后记：2014年8月3日，中国云南鲁甸发生6.5级地震。8月5日，青山浩前往大使馆拜访中国驻日本大使程永华，表示小肥羊日本公司将捐款100万日元，支援灾区重建，对于青山浩的模范义举，程永华大使表示了感谢。

慷慨解囊，雪中送炭，在中国发生重大灾害之际，青山浩总是第一个伸出援手的日本企业家。2008年5月的汶川大地震发生后，青山浩也是在第一时间捐款100万日元，当时的中国驻日本大使崔天凯还亲自为其颁发了奖状。

开发中国市场不仅为获利也为报恩

(37) 访株式会社山田养蜂场社长山田英生

在日本，有许多公司从地方上发展起来后，匆匆忙忙地把总社迁往大都会东京。但是，在海内外享有盛名的山田养蜂场，为了活跃地方经济，其总社如今依然在冈山县那片交通不便的绿色村庄里面。

在日本，笔者听过许多财经大腕谈论自身经济的发展，但是，山田养蜂场社长山田英生说的直率真诚："父亲研究蜂王浆是从拯救我妹妹的生命开始的。"

在日本，笔者看到过许许多多企业，但是，像山田养蜂场那样把员工食堂装饰得犹如美术馆那样的还不多见。

在日本，笔者知道保守技术秘密对发展企业的重要性，这次在山田养蜂场蜜蜂健康科学研究所，他们却允许我们现场拍摄。

在日本，笔者看见许多日本企业社长的豪华车辆，所以，站在山田英生社长犹如玩具般的小型节能车面前，不能不有一番感叹。

2013年7月8日，就在这样一个又一个不同的感受中，我开始了对株式会社山田养蜂场社长山田英生的采访。

为挽救妹妹生命父亲开始研制蜂王浆

《日本新华侨报》：我了解到，山田养蜂场是一个家族企业。从企业发展史上看，任何一个家族企业，背后都会有各种各样的故事的。山田养蜂场能够发展到今天，也应该有自己的故事吧。你能讲一讲吗？

山田英生：我的父亲是德岛人，最初是个逐花而居与蜜蜂为伴的养蜂人。他从日本冈山南部的濑户内海的沿岸部移居到日本中国地区的镜野町，在镜野町邂逅了我的母亲，于是

株式会社山田养蜂场社长山田英生

就把家安置在那里，开设了一个小小的养蜂场，结束了漂泊的生活。

其实，我还有一个可爱的妹妹的，但妹妹是先天性心脏病。经医生诊断，妹妹需要长到一定年龄后，有了一定的体力才可以承受心脏手术。自此以后，为增强妹妹的体力，父亲开始研制无农药蔬菜、无农药大米和蜂蜜。之后，有个新闻里说，久治无效，生命垂危的罗马教皇皮奥十二世，是通过服用蜂王浆转危为安、起死回生的。恢复了健康的教皇还在演讲中赞美蜜蜂是"神的小创造物，多亏了蜂王浆救了我的命"。此后，父亲又开始专研蜂王浆，并获得成功。

虽然妹妹最终因手术失败去世了，但是在全日本、全世界，还有许多像我妹妹那样需要蜂王浆的人。我从自己父母那里学到的最为宝贵的东西就是"家族爱"。在妹妹去世后，父母又将这份"家族爱"升华为"人类

爱"。用蜂王浆来挽救更多的宝贵的生命，就是我们山田养蜂场的创业精神和理念。

中途接手公司为父母尽孝

《日本新华侨报》：从1983年开始，你作为专务加入山田养蜂场事业。是什么原因促使你接手公司的呢？

山田英生：其实，我当初并没有大的抱负。大学毕业以后，我做了三年左右的"上班族"。就在我逐渐认识到做"上班族"或许不太适合自己的时候，父亲对我说，希望我能回冈山来帮助他。而我本人也很怀念小时候全家人一起养蜂的情景，还有乡下那种悠然自得的时光。于是，我就决定辞职回到冈山，开始在父母身边尽孝。

但是，后来没过多久，父亲就因常年的操劳而病倒，山田养蜂场的经营全部落在了我的肩上。也就是从那个时刻开始，我才认识到了自己的使命和责任。

成立"助成基金"支持各国研究者

《日本新华侨报》：你在就任社长后，不仅为公司导入了直销系统，还和养蜂大国——罗马尼亚的国立蜂制品医疗中心合作，共同进行技术研发。作为一名企业家，为什么会如此重视开拓研究领域呢？

山田英生：欧洲有着和东洋医学相通的理念，就是借助蜜蜂的力量，增强身体的抗病能力。他们管这种做法叫"蜂疗法"。在罗马尼亚，"蜂疗法"被广泛应用到医疗和美容等领域，有着先进的研究技术。因此，我们就决定同罗马尼亚的国立蜂制品医疗中心进行研究合作。

那里和普通的医院不同，拥有自己的研究所，研究如何将蜂王浆、蜂胶等应用到食品、药品、化妆品当中。他们的这种做法吸引了我们，导致我们之间有了合作。

从前，蜂产品的制作和利用，依赖的都是古代劳动人民的智慧和口口相传的宣传功效。比如说，食用蜂王浆能缓和更年期障碍，食用蜂蜜能够提高免疫力，食用蜜蜂幼虫能够缓解耳鸣等。但是现在，作为养蜂产业，我们有义务通过切实的科学研究，对蜂产品所拥有的神秘的功效进行解析和证明，为提高养蜂技术、增强蜂产品安全性做贡献。我们就是基于这种想法而开展的研究活动。

在研发过程中，我们遵循的是东洋医学里的"未病先防"的理念，站在预防医学的立场，希望能通过增强人体的免疫力及自然治愈力来防患于未然。截至目前，我们的"蜜蜂健康科学研究所"和中国、美国、德国、意大利、罗马尼亚、澳大利亚、加拿大、古巴、马其顿、刚果等110个国家和地区的大学、研究机构等进行着共同研究，参与完成了大量的论文以及学会发表。

另外，我们还成立了"蜜蜂研究助成基金"，截止目前支持了海内外的许多蜂产品相关研究，帮助更多的研究者参与到蜂产品的研究当中。

为报恩坚持在中国义务植树

《日本新华侨报》：我了解到，在经营公司、搞研发的同时，你还积极参与世界遗产保护工程等公益事业，在中国的安徽省及内蒙古地区也进行着义务植树活动。作为养蜂人、企业家，你怎么会想到要在中国植树呢？

山田英生：蜜蜂在帮助植物授粉的过程中，收获了蜂蜜，所以蜜蜂与植物是互助共生、协调发展的关系。我们的企业，是以养蜂业界为起点的企业。养蜂业与大自然也是一种和谐、互助的关系。养蜂业有义务保护大自然，维护人类与自然和谐共处的社会环境，这是我们的使命。

蜂蜜、蜂王浆、蜂胶等，都是来自大自然的慷慨馈赠。从预防医学的角度讲，这些蜂产品还是有着和药品几乎相同功效的食品。只有保护好大自然，人类才会收获到这样的礼物。这也是我们积极参与公益事业的原因所在。

中国是日本文化的大恩人。古代日本因为学习、借鉴中国文化才得以发展。现在日本国内也有很多食品都产自中国。毫无疑问，日本在很多方面都受到了中国的关照。而且我们正在进行的高品质的蜂产品开发，也离不开众多的中国养蜂家的支持与协助。因此对于我们来说，进军中国市场不仅仅是为了获利，也是为了报恩。在中国进行义务植树就是出自这样的考虑。

我经常会去听取横滨国立大学名誉教授宫胁昭老师的意见。他是全球著名的植树专家，被誉为"植树之神"。今后，我会继续在专家们的指导下，坚持不懈地进行植树和环境保护工作。

希望同中国各大学合作研究

《日本新华侨报》：中国古人很早就开始食用天然蜂蜜进行养生，并且会将蜂产品和中草药相结合，以达到延年益寿的效果。目前，山田养蜂场进军中国的走势如何？今后有什么计划呢？

山田英生：是啊，在距今2000多年前的中国《神农本草经》里，就将蜂蜜和蜜蜂幼虫列为"上品"。说蜂蜜能"安五脏，益气补中，止痛解毒，除百病，和百药，久服轻身延年"。蜜蜂幼虫"气味甘平，微寒无毒；主治头痛、除蛊毒，补虚赢伤中，久服令人光泽好颜色不老"。这都是中国古人的智慧。所以前面也有提到，日本不论是文化还是食品进口，都受到了中国的关照。因此对我们来说，进军中国市场不仅仅是为了获利，也是为了报恩。

事实上，我们的蜂产品的部分原材料，就是从中国进口的。在品质管理上，我们要进行360多个项目的农药、抗生物质等检查。在中国国内，我们也在生产着有机蜂蜜和有机蜂王浆。这些产品的品质安全管理、品质管理等都非常严格。

目前，我们把在中国的落脚点设定在上海，那里有我们的事务所和店铺，并且还以中国的天猫网站为中心，扩大网购服务。在中国的天猫网站开展网购服务时，也会通过在线聊天等，加强与顾客的沟通。对待每位顾客都耐心、贴心，重视沟通，是我们山田养蜂场所一贯重视的。

如今，各国的医学人士都是站在西方医学的立场，秉承"对症下药"的治疗理念。但我个人认为，从预防医学的角度来看，中国传统医学里的"未病先防"的理念更应该得到重视。

今后，我们在中国的发展目标就是，在坚持日本高品质、高安全性的产品质量的同时，能开发出更多、更好的适应中国顾客的产品，为中国的朋友们带去美丽和健康。与此同时，我们也希望能同中国的大学进行合作研究。

采访后记：采访结束准备返程的时候，山田养蜂场年轻的职工们打出"热烈欢迎"的中文横幅。一番情意，透过张张笑脸显露出来。

38 为了两国饮食、生活文化的交流与发展

访日本白鹤酒造社长嘉纳健二

　　白鹤酒造株式会社创业于1743年，有着269年的悠久历史。长年以来，白鹤酒造以精湛的酿酒工艺和深远的酿酒文化享誉世界。"白鹤"名称象征着清纯、高雅并具有长寿万年之意，更使白鹤清酒成为日本最著名的品牌之一。

　　如同其他历史名酒一样，白鹤清酒从一个侧面反映了日本的文化和修养。在今天的日本，不论在家庭、饭店或者人们聚会的地方，大家经常用清酒来助兴，交流感情，加深彼此的了解和友谊。看望亲友时人们也喜欢送上一瓶清酒来表示诚挚的祝福。同时，白鹤清酒在酿造过程中有非常严格的制造工艺，不仅精选用水、用米，而且整个操作过程也极为科学合理。"为创造令人信赖的品牌而努力"——白鹤酒造的酿酒文化，被一代代的继承者视作自己的责任，完整地保留了下来。现在这份责任落到了年轻的社长嘉纳健二的肩上。

　　2012年8月31日，《日本新华侨报》记者采访了这位年轻的社长，请他就中日两国饮食以及生活文化的交流与发展谈了自己的看法。

《日本新华侨报》：清酒是日本的"国酒"，可以说是日本文化的重要代表之一，日本清酒在全世界也十分受欢迎。请您谈一谈日本清酒的文化魅力。

　　嘉纳健二：日本清酒是以米、米曲、水发酵而成的日本传统酒类。有很多人喜欢拿清酒与西方的红酒相比，认为与果物酿造而成的红酒比起来，日本清酒单用大米就能酿造出如此香醇的口感，非常的不可思议。不少人就是这么喜欢上日本清酒的。另外，纯粹用大米酿酒给人一种很健康的印象。特别是欧美的客人，很多人把喝日本清酒作为一种养生、保健的生活习惯。

日本白鹤酒造社长嘉纳健二

　　日本清酒在海外受到广泛的欢迎，还有一个原因是日本料理在世界范围内的影响力不断扩大。日本料理在国内最受欢迎的主要是寿司、生鱼片等鱼类料理，可是外国的客人对吃生鱼还不是很习惯。但由于日本料理十分健康，大家正在不断地接受这种吃法。这就引出来一个新问题，与日本料理最匹配的酒是什么呢？于是人们想到了日本清酒。日本清酒独有的甘甜和清香，与酒类本身的酸味完美地融合在一起，与日本料理十分相配。就是这样，日本清酒的名字在世界范围内流传开来，被认为是具有日本特色及独特魅力的酒饮料。

《日本新华侨报》：近年来，日本的年轻人更偏好啤酒、红酒等酒类。清酒的销量则持续下滑。有着悠久传统的日本清酒，应该如何面对目前激烈的市场竞争？

嘉纳健二：清酒在日本国内卖得最好的时期是在40年前。那个时候的日本处在经济的高度成长期，海外的酒类饮料也没有大量进入日本市场。因此当时的日本人多是饮用啤酒和清酒。后来越来越多的日本人走出国门，增多了对世界的了解。红酒、威士忌等"洋酒"也在那时被介绍回日本，逐渐成了人们生活的一部分。

从那时起，日本清酒就逐渐陷入了激烈的市场竞争。虽然清酒的销量下滑了很多，但我认为喜爱清酒的人数并没有减少。最近一段时间，日本人开始意识到本国文化的优势，开始逐渐回归传统。清酒的魅力丝毫没有减弱，我相信很快日本的年轻人也能体会到这一点。

《日本新华侨报》：近年来，喜欢喝日本清酒的中国人正在不断增多。特别是十分在意自己健康的富裕人群，更是对寿司、生鱼片以及日本清酒情有独钟。白鹤酒造打算采取什么策略，将日本清酒更好地介绍到中国？

嘉纳健二：我们现在已经开始在北京、上海等大都市积极推广日本清酒。中国现在正处在经济飞速发展的时期，可以用日新月异来形容。我们认为在中国这个充满机遇的市场里，比起开直营店销售日本清酒，更应被重视的是寻找中国的流通合作伙伴。这一层关系坚固了，我们就会拥有与客户接触、交流的途径。可以说着是白鹤酒造在中国的基本方针。

为了将日本清酒的魅力更好地传递给中国的消费者，我们一直定期向中国派遣社员，配合中国的代理合作伙伴进行市场推广。我们在上海有合作多年的代理商，在北京也构筑起了新的合作关系。白鹤酒造的清酒在两地的销售情况都非常好，我们今后将会更加努力推广日本清酒。

《日本新华侨报》：今年，白鹤酒造旗下的"白鹤锦""白鹤柚子浊酒"品牌获得了2012年世界食品品质评鉴大会的金奖。白鹤酒造自从1743年创业至今，在清酒的品质管理上有什么秘诀吗？

嘉纳健二：白鹤酒造有着悠久的历史，酿酒经验非常丰富。但是我们同时清楚地认识到，仅靠丰富的经验是无法开发出好的清酒的。我们必须紧跟时代，研究消费者口味与饮酒嗜好的变化，以创造新价值为目的对商品进行开发。拿"白鹤锦"酒来说，得名于"白鹤锦"大米。可以说原料大米是清酒的生命，选择特殊优良品种的大米可以提高酒的质量。此前日本最高级的大米叫做"山田锦"，我们在其基础上又进行了改良，终于开发出了"白鹤锦"大米。这个过程花了10年时间。

"白鹤柚子浊酒"虽然不是清酒，但也是我们迎合市场需求，用新鲜柚子开发出的新领域的产品。所以说，商品的开发能力决定了公司、品牌的生命力。

《日本新华侨报》：嘉纳社长去过中国吗？请您谈谈对中国的印象以及对中国酒文化的见解。

嘉纳健二：这几年我到过中国的北京、上海和大连。当时我在这些地方感受到了中国大都市的活力。道路宽敞洁净、交通设施便利、人们的生活也非常的现代化。我强烈地感受到每个中国人都有梦想、有干劲，每天都在努力地生活着。在商场及超市摆满了新鲜的商品。大家不仅对欧美的商品感兴趣，对日本的商品也是兴趣盎然，这让我感到非常高兴。我还看到了人们对日本料理的喜爱。一家餐厅进行了大规模的生鱼片试吃活动，很受欢迎。对于我们来说，日本料理在中国受欢迎是最高兴的事情。

目前，中国也在积极吸收海外文化。从饮酒方面来看，我认为中国的消费者对本国的白酒有着深深的喜爱。我相信今后大家的餐桌上也会越来越多地出现日本清酒。

39 日中政治矛盾不应影响日中经济

访日本邮船株式会社董事长宫原耕治

日本邮船株式会社董事长宫原耕治

日本邮船株式会社（简称"日本邮船"）是全球500强企业之一，自成立至今有120多年的历史。在过去的120多年里，日本邮船的命运和中国的命运几多交结，渊源由来已久。"大道之行也，天下为公。"这是中国革命先行者孙中山先生在1918年赠予日本邮船的墨宝。此后的日本邮船的发展也完美地阐述了这句话，坚持全球资源共享理念，走共赢之路。2012年7月10日，《日本新华侨报》对日本邮船株式会社董事长宫原耕治先生进行了专访。

与中国有130多年的密切关系

《日本新华侨报》：1875年，日本邮船的前身三菱商会开通了横滨到上海的定期航线，这是日本史上首次和外国开通海上定期航线。众所周知，在中国的革命运动中，日本邮船还搭送过孙中山。可以说，日本邮船与中国有着很深的渊源。

宫原耕治：在大约150年前，日本还是一个什么都没有的海上小岛。明治维新以后，日本政府开始重视"殖产兴业"。对于岛国来说，要想振兴国家，造福国民，发展海运事业势在必行，就好像英国也是一样的。在明治维新初期，日本就迎来了这样一个时机。于是，三菱商会的创始人岩崎弥太郎开始着手发展海运事业，创建了日本邮船株式会社的前身——三菱商会。

1875年，三菱商会开通了日本史上第一条外国定期航线，连接横滨和上海。在此之前，日本只有国内海上航线，例如从北海道到大阪等。因此，从横滨到上海定期航线的开通，对日本来说，也是非常值得纪念的壮举。日本首次开通与外国的海上定期航线，对象选定的就是中国，中国毫无疑问是日本最重要的邻国。也就是从这个时候开始，日本邮船的前身三菱商会就与中国结缘，130多年来关系密切。日中邦交正常化已超40年。在40多年前，时任日本邮船社长还曾受邀对中国进行友好访问。

日本邮船和中国辛亥革命领袖孙中山先生之间还有很深的关系。众所周知，孙中山先生曾分别在1913年和1918年来过日本。1918年，孙中山先生在辞了广东军政府大元帅一职后，乘坐日本邮船旗下的"信浓丸"号来日本，并且在船舱中留下了墨宝，这对日本邮船来说真是无价之宝。在"二战"结束前，无论是人还是物资，都要靠船只运输。那时候的船只又被叫做客货船，最底层放货物，中间船舱运乘客。在那个年代，以孙中山先生为代表的世界上众多知名人士都曾乘坐过我们的客货船，比如卓别林、海伦·凯勒等。

伴随着日本邮船的成长壮大，我们在世界各地都陆续开设了分公司，包括纽约、新加坡、伦敦等，但在"二战"前上海分公司始终是所有分公司里规模最大的。对于日本邮船株式会社来说，不管在什么情况下，都离不开中国。

培养中国员工做国际化人才

《日本新华侨报》：我了解到，为了在竞争激烈的中国市场脱颖而出，日本邮船正在加速进行软硬件两方面的建设。今后，为进一步拓展在华业务，日本邮船的首要课题是什么？

宫原耕治：日本邮船株式会社在华业务的重点是海上运送、内陆运输、仓储和其他附加服务。目前，中国的汽车制造业发展迅速，各种汽车零件从世界各地运输到中国。如何做到安全保管、及时运送就一直是我们的首要课题，这也是供应链最关键的环节。

对于汽车制造工厂来说，货物能不能准确及时的送到是非常重要的。汽车的组装零件由我们负责送到，组装完毕的成品汽车也会由我们负责，向世界各国运送。2006年，我们与中国17家汽车厂商分别签署了为期15年的战略合作协议，负责为中国汽车制造业提供全套的汽车滚装船运输业务。

日本邮船在中国市场还有一个非常重要的工作，就是负责从巴西和澳大利亚等国家将铁矿石原料运输到中国。我们已经同以宝钢集团为代表的中国主要铁矿企业签署了长达20年的运输合同，以20万吨级铁矿石散货船承运进口铁矿石。日本邮船株式会社虽然是日本企业，但是和中国的各大企业之间已经建立起了一种安全可靠、相互信赖的合作关系。

目前，日本邮船株式会社在全世界共有5.4万名员工。其中，有80%的员工都是外国人，中国员工占总体的1/10。我们今后的另一个课题，就是要努力把中国员工培养成有国际感觉的管理人才。我们组织各种研修培训活动，也让中国员工到日本来研修和接受各种职业训练，以增加他们的经验。

把促进两国青少年交流视为己任

《日本新华侨报》：现在，中日两国关系进入一种非常微妙的时期。我知道，您还担任着冈山青年会的会长。对于中日两国间的青少年交流，您有什么看法。

宫原耕治：我认为，中日两国间最大的问题，是对彼此了解的不够。再加上有一部分媒体的报道总是流于表象，给日中两国带来了不必要的误会。不过，光指责媒体也于事无补，为增进相互了解，最重要的就是加强交流，我们也有责任创造更多两国青少年交流的机会。日本邮船每年都会举办中日青少年海上之旅，让两国青少年共同在船上生活一个星期，促进彼此间相互了解，建立长期友谊。

此外，不仅仅是青少年之间要加强交流，日中两国年轻的政治家之间也应该加强交流。现在，日中两国的政治家普遍存在信任不足的问题，而且都容易受媒体影响，仅凭媒体的片面报道就盲目地下结论。

到现在为止，日本的老一辈政治家一直非常重视友好往来，他们都曾频繁地前往中国，亲自了解中国。像这样好的传统，现在日本年轻的政治家们也应该继承下去。

政治分歧不影响未来经济走向

《日本新华侨报》：现在，中日两国在政治方面出现了一些分歧，作为日本经济界的代表，您认为这是否会影响到今后的经贸合作。

宫原耕治：中日两国在政治方面的确存在一些小的分歧，就像前面说的，造成这些分歧的最根本原因，就是彼此间了解的还不够。

中国有13亿人口，日本有1亿人口，两国国民都需要稳定的收入，都渴望提高生活质量，这才是两国国民的根本愿望。两国经济界都有责任为实现这个愿望而共同努力。

同时，我希望日本政府也能够有这样的认识，从大局出发，眼光长远地看问题，加强推动FTA投资协议，简化通关手续，进一步促进两国间的经贸合作。

如果两国政治界能够更好地解决分歧，那么经济界的合作发展就会走得更远。但是，不管两国政治界如何变化，经济界都不应受其影响。

中国企业家有实力有思想

《日本新华侨报》：到目前为止，宫原先生一共去过多少次中国？对中国印象最深的事情是什么？

宫原耕治：我已经可以说是中国的老朋友了，去过中国几十次。对中国印象最深的，自然还是悠久的历史和厚重的文化。这些不仅体现在中国的书法作品和古董文物上，也体现在中国人的思维方式上。

在和中国企业家们接触的过程中，我发现他们不仅擅长经营管理，而且还有自己独特的处世哲学。他们重视人与人的关系，守诚信，以人为本。这些都让我深受感动，并且受益匪浅。

另外，我还非常喜欢中国的美食文化和酒文化。中华料理材料丰富，制作手法多样，一种材料能变化出许多种味道来，想必这也是中国历史源远流长的一种体现。听说最近在中国喝白酒的人越来越少了，这让我感觉挺遗憾的，中国的白酒多好啊。

为社会做贡献是企业应尽的义务

《日本新华侨报》：我们了解到，日本邮船作为物资流通行业里的龙头企业，非常注重节能环保和社会贡献。现在，中国的各大企业也开始重视社会责任，希望您能为我们介绍一下这方面的经验。

宫原耕治：企业的社会责任是日本邮船株式会社的重要使命。我们内部专门有一个企业社会责任部门，叫CRS GROUP，负责安全和环保、人权和社会贡献等。

我们的公益活动和中国也有很密切的联系。比如我们出资建设了河南省洛阳市的王坪邮船中日友好希望中学、寻村日邮一中的校舍，每年还坚持帮助他们添置设备；重建了两所全新的学校，捐献钱款和书籍。在上海和大连的海事大学分别设立了奖学金和NYK特别班，为中国贫困地区学生提供接受高等教育的机会和在日本邮船就业的机会。我认为，不能为社会做贡献的企业，就很难得到来自社会的信任。

日本公司应做好中国的"企业市民"

40

访日本通运株式会社会长川合正矩

　　日本通运株式会社（以下简称"日通"）是日本最大的综合物流企业。到2012年3月底，日通已在全世界38个国家（地区）的214个城市建立了402个据点，海外员工数达到16455人。早在1981年，日通就在北京设立了第一家中国事务所，正式进军中国市场。20世纪90年代初，他们陆续在上海、大连等城市成立分公司，不断地拓展在华业务。在海外的员工中16000人都是当地聘用，占到97%，其中中国员工达到5000名。

　　雇佣5000名中国员工并不是一件简单的事，对于国际企业来说既是责任，也是负担。但日通做到了，因为多年来，他们一直认为，自己是中国的"企业市民"。

　　2012年6月18日，日本通运株式会社会长川合正矩接受了《日本新华侨报》的专访，就物流产业的国际化发展以及中日经济问题做出了自己的分析，同时阐述了他对"企业市民"的理解。

《日本新华侨报》：20世纪80年代，中国实行了改革开放政策，经济模式也从计划经济向市场经济转型。物流这一概念就在此时进入中国。您认为中日两国物流业有哪些异同点？

　　川合正矩：首先，我认为中国物流产业起步晚并不是主要问题。日本的物流产业也经历了一段漫长的发展过程。从以前的只看到表面和局部，到现在着眼于深层次和全局，日本物流产业目前使用的体系更重视管理性、效用性。这也是中国物流产业的发展方向。

日本通运株式会社会长川合正矩

　　现在的物流，已经不是单纯点对点之间的货物运输了。各物流公司必须要有大局观，要有物资流通的整体管理体系和模式。这是中日物流产业的第一个不同点。而在实际操作中，怎样能将成本控制在最低是其中的关键。我觉得这才是问题所在。

　　曾经，日本各企业的业务范围仅局限于日本国内。现在，供应链条的不断完整，使日本企业走向世界成为可能。而在全球范围的竞争中，降低成本仍是取胜的关键。这就需要企业掌握世界经济动向，在最合适的地方生产商品，再卖到最合适的地方去。

第二，日本物流产业已成功由"推式物流"转型为"拉式物流"。所谓"推式物流"，是指企业大量生产之后推销给各零售商。这种物流方式缺点很多，货物积压的情况屡有发生。而现在我们采用"拉式物流"，让消费者需求引发、主导产品供应链上的货物流通。

目前，中国的市场物流也逐渐由消费者主导。这比以前有了很大的进步。像中国这样"自上而下"决策的国家，一旦做出决定，施行的速度和力度是别国所不能比的。高速公路就是最好的例子。如今，中国的高速公路里程居世界首位，为物资流通创造了极佳的条件。虽然目前中国还是"推式物流"，但中国社会已经在呼唤"拉式物流"时代的到来。

在配送模式上，日通一直采用"循环配送"，即定时定点实行多仓储间循环混载配送。这种模式使物资流通更精确、更准时、更无风险。我们也会将这种模式运用到中国市场。

总体来说，中国与日本的物流模式特色各异又彼此吸引。两国坚实稳定的友好关系将成为两国物流发展的最大保障。

《日本新华侨报》：目前中国正处在经济高度成长阶段，很多国际型物流企业也争相进入中国市场。请问您认为中国的物流企业应怎样应对日益激烈的市场竞争？

川合正矩：中国拥有日本26倍的国土面积，高速公路的增长势头也越来越猛，这些都能推动物流业快速发展。但要实现长距离、高运载量的效率流通，还是要依靠铁路和水路运输。

物资流通过程中一定会有起点和终点，将两点相连需通过很多中间环节。环节多了，问题自然也会多。比如，多家物流公司合作完成同一工作时，利益该如何分配？日本的物流管理系统中有一种"相互计算"模式，它能精确计算各公司应得的份额，合理分配利益。

从中国的情况来看，铁路公司将列车整个卖给物流公司，再由物流公司独立完成全部物流工作。这等于把一个完整的产业分割开来，各管一摊。公司间缺乏合作，使整个物流过程耗时又耗力。如果能够将物流各环节连成一体，形成"发着一贯"体系，中国的物流公司将会有更大的发展空间。铁路公司也应该在连接、调配物资方面起更大的作用。

如果只是近距离运输的话，使用公路是很方便的。但如果距离变长，公路运输会使成本增加，还会对大气造成严重污染。铁路运输的成本只是公路成本的六分之一。所以，这也能成为中国物流业的一大突破口。

在大力发展铁路及船舶运输之后，中国就能将物流范围扩大到全世界。在这一点上中国有巨大的发展空间，是日本公司十分羡慕的。

《日本新华侨报》：2011年，日通在上海设立了专门的搬家公司。在中国，搬家公司大多是中小企业，有一些并不正规。日通作为全球性的大企业，在中国的搬家业市场战略方面有何考量？

川合正矩：在搬家这项业务上，日本有所谓的"搬家季节"，市场动向有迹可寻。但我们对中国社会的了解还不深，还不能很好地掌握中国搬家业的规律。但是，随着中国经济的快速发展，人们的生活质量也越来越高。在这种背景下，会有更多的人选择高品质、高效率的搬家服务，因为它本身含有很高的附加价值。

目前，这项业务还没能渗透到中国的每一个角落，但我们正在朝这个方向努力。在掌握了中国市场的规律、特性、需求后，我们将改进一直沿用的"日本式服务"，使其能更迎合中国的消费者。

《日本新华侨报》：统计数据表明，中国有10万余家物流公司。除此之外，很多欧美物流公司也陆续进入中国。您认为，日通在与欧美公司的竞争中有何优势？

川合正矩：日本的物流业中，仅公路运输公司就有6万多家。所以，如果中国有10万家物流公司，我并不觉得吃惊。中国的国土十分广阔，瞄准一个目标前进至关重要。

作为国际型公司，在进入他国市场时一定要思考，该如何为这个国家做贡献。日本有一种说法叫"企业市民"，意思是企业作为一个整体，在考虑自身获得的利益之前，先要学会做一名合格的"市民"。如果一个人只享受权利，而不尽责任和义务，那这个人就不是个好市民。企业也是一样，先要学会尽责。日本企业到了中国，那就是中国的"企业市民"，就应该为中国社会尽责。

我们日通一直在探讨，应如何以这个身份进入中国市场。现在中国民众的生活水平不断提高，对服务的要求也越来越高，这就更需要"企业市民"们摆正自己的位置。我们要时刻牢记，自己要为中国民众送上最好的服务。这一点就是日通最大的优势。

《日本新华侨报》：2008年，中国物流业市场规模为3.8万亿人民币，占全国GDP的18%。现在，如何提高效率成了中国物流公司的共同课题。请您谈谈提高运输效率的办法。

川合正矩：从整体来看，发展铁路及船舶运输能使运输效率大幅提高。具体一点说，首先，要在铁路运输中使用全国统一的运输货盘。这有点像中国古代"车同轨"的说法，只有先统一了最基本的东西，才能慢慢再做其他改进。以前我也和一位中国专家讲过，中国物流今后必须要使用统一的运输货盘，因为这关系到卡车设计、装卸方式、各公司间的合作等多方面问题。

日本就曾在这方面吃了大亏。日本的物流公司为互相竞争，纷纷开发自己专用的运输货盘。这样一来，大家就无法合作。然而，很多项目单靠一家公司是无法完成的，公司间没有合作就不会有大发展。

其次，要最大化地利用运输货盘的体积容量，就需要将货物"模块化"。将不同体积、形状的模块拼装在一起，就能得出最大的运输容量。

最后，要不断完善物流产业的机械化、电子化管理。如利用IT技术探索合理的管理模式，将成本运输压到最低。

中国的发展强项是具有凝聚力和向心力

41

访大和运输株式会社社长山内雅喜

大和运输株式会社社长山内雅喜

一提到"黑猫"，中国人想到的可能是改革开放的总设计师邓小平的"黑猫白猫论"，而日本人想到的绝对是"黑猫大和宅急便"。

"黑猫宅急便"作为全球五百强企业，日本大和集团旗下的快递服务，早已经成为日本人生活中不可或缺的部分，被看作社会的基础服务。那黑猫妈妈小心翼翼叼着爱子的经典商标图案，以及"我做事，你放心"的服务口号，都已经深入人心，以前甚至被写入日本小学生的社会科学教材里。

现在，日本无论大街小巷，都能看到"黑猫"快递车，以及挂着代收宅急便招牌的商店。"人在家中坐，货从店里来"的服务模式，冲击着日本社会，改变了人们的生活形态。2010年1月18日，"黑猫宅急便"正式进驻中国上海。2013年8月8日，记者走进大和运输株式会社位于日本银座的本社，采访该会社社长山内雅喜。

"VALUE NETWORKING" 构想创造物流新价值

《日本新华侨报》： 在迅速发展的全球化时代，为了提高国际竞争力，大和运输最新推出了一个"VALUE NETWORKING"构想。能具体介绍一下"VALUE NETWORKING"构想的内容吗？

山内雅喜： 好的。所谓物流，本来是指将货物从一个地点移动到另一个地点，也就是我们常说的输送。但我们希望能在此基础上进化物流，创造出新的价值。我认为，物流的价值在于它的速度、品质和成本。而利用"VALUE NETWORKING"构想来提升速度，确保质量，降低成本，就能实现"物流"的新价值。

普通的物流，就只能让货物流通。而"VALUE NETWORKING"构想，能让货物到达得更快，也能集中来自不同地方的货物，一次性地送到顾客手中，让顾客更为方便，满足度更高。

我们提倡的"VALUE NETWORKING"构想，具体有五个"引擎"。第一个"引擎"，是"源源不断的物流"。我们有效利用羽田物流大楼、厚木交换中心、冲绳国际物流中心，不间断输送，通过组装和修理等产生新价值。比如，制造工厂向海外订货，运到日本后得先送到仓库进行组合，然后再发货。而我们决定为工厂省去这个环节，让货物在运输过程中就可以进行组装，不用专门进仓库。这样做，既能提升速度，又可以让顾客节约成本。

第二个"引擎"，我们管它叫"物联网"。比方说，大型服装进口公司，在货物到达后，得在公司的仓库里将其分类重装，再发送到各个百货店。但是这个公司的本职工作，是服装进口，不是分类重装，他们不得不为分类重装而租借仓库，雇佣员工。但如果把这项工作交给我们，我们就会在大和的网络中，为这个公司提供最适合的地方来保管货物，提供最方便、迅速的分类重装，再负责运送到各个百货。这个公司只要把货物交给我们就可以了，自己什么也不用准备。

第三个"引擎"，就是开始国际冷冻快递服务。利用我们的"冲绳物流中心"，提高日本与亚洲国家间的货物运输速度，让国际货物能够在发货的第二天就到达。10月，我们将开始面向香港的生鲜食品国际快递服务。因为货物都是小件，所以需要多次运送。我们一条龙的冷冻运输系统在世界上恐怕也是首创。

第四个"引擎"，就是服务信息的"透明化"。比如，通过客户订单情报一元化，让顾客在网络上就可以确认到自己的货物现在是什么状态，被运送到什么地方。

最后一个，是"消费者的视线"。一般的物流系统，是以SCM（Supply Chain Management)为主，站在供给方的角度考虑问题。而我们是以DCM（Demand Chain Management）为主，站在需求方的角度考虑问题。用收贷方最希望的形式，让货物更为集中的，在最好的时间，以最便捷的方式到达需求方手中。

上述的"VALUE NETWORKING"构想，不仅能为物流创造新价值，还能有效减少亚洲国家货物流通间的不必要环节，提高日本产业的国际竞争力，同时也能为亚洲国家间的经济发展做出贡献。

"羽田物流输送"有望推动日中贸易

《日本新华侨报》：大和运输在羽田机场附近建造的，日本最大规模的物流设施——"羽田物流输送中心"马上就要竣工了。这将给日本的物流供应带来怎样的变化呢？

山内雅喜：用一句话来概括，就是提高物流的速度和品质，能在降低物流整体成本的同时，提高物流的速度、质量与生产率。

比如，如果一个工厂要制造某件机器，就需要从不同国家、不同地区的几家工厂分别订货。现在，中国以及其他亚洲国家和地区都往日本汇寄东西，来到日本后也分散在全国各地。这些货物在到达日本后，得先集中到该工厂在某地的一个仓库里。在那里进行分类、组装后才可以运送到工厂。这是目前的一般性流程。

如果"羽田物流输送中心"真正运用起来，货物在运送过程中就可以进行组装、发送。这将大大提高货物运送的速度，以及降低工厂方面的成本。因为工厂可以不必再为此准备仓库了。现在，经常从海外订货的工厂，至少也得在日本国内准备三到四处仓库。

有了陆海空连接点的"羽田物流输送中心"后，货物的供求会变得更为方便、迅速。这也有望在今后推动日中两国的更为频发的贸易往来。

冷冻快递服务在中国市场倍受欢迎

《日本新华侨报》：我了解到，从2010年1月开始，大和运输的"黑猫宅急便"在中国的上海市也开始了快递服务。中日两国在商业习惯上有所不同，在快递服务有哪些不同于日本需求？

山内雅喜：我认为，中国的快递市场规模，今后还会继续扩大。眼下，中国有很多家本土的快递公司。中国的快递服务最为常见的，就是将网购的东西送货到职场。而在"黑猫宅急便"进军中国市场后，最受客户欢迎的则是冷冻快递服务，将生鲜食品送货到家。

由此就可以看出，今后中国快递市场的一种发展趋势。伴随着中国人生活水平的提高，快递服务，将不再是运送生活必需品，而是运送人们对生活的一种美好的追求。人们会根据自己的价值观和需求，订购好吃的、好玩的。所以接收地点也由职场逐渐变成了个人家庭。

现在，我们在上海和香港都开展了快递服务。两地的发展速度几乎是一样的。经过测试，我们还发现，中国客户很喜欢使用国际冷冻快递服务订购日本的牛肉、北海道的霸王蟹等。中国人重视饮食文化的性格特点，为我们的冷冻快递服务，提供了新的市场。

开拓市场赢得顾客靠服务不靠宣传

《日本新华侨报》：在将"黑猫大和宅急便"这个品牌和服务推出中国市场时，进行了怎样的宣传？今后的课题是什么？

山内雅喜：目前，我们除了开业时，还没在中国媒体上进行过宣传，也没有制作过广告。我认为，与其大范围地进行宣传，不如做到让顾客满意。在顾客感到满意后，自然就会主动推荐给朋友。也只有这样，才会让顾客真正地信赖我们的服务。我们的服务，凡是利用过的顾客就一定会体验到它的快捷与优势。

为此，我们格外注重对快递员的培训。快递员在给个人或公司递上货物后，亲切地说一句，"您有事儿请尽管吩咐，需要的时候尽管说"。这种口口相传，就是最有效的宣传了。

对中国员工"陪同指导"手把手教

《日本新华侨报》：的确，在快递业界，快递员被认为是决定公司成功与否的关键。在培养中国员工方面，有哪些策略或是说秘诀呢？

山内雅喜：培训，真的是非常关键的。相信每位快递员都清楚，要谨慎小心地对待顾客的货物。但这个小心的程度，毕竟还是因人而异的。这就需要整齐划一的培训。

在培训时，我们强调的是，快递员递出去的不只是货物，还有送货人的心情、让顾客满意高兴的服务。公司的宗旨就是服务第一，利润第二。始终要把顾客放在首位，奉行"顾客第一主义"。在进行员工培训时，我们会先把上述理念深植到员工的心中。

由于日中两国文化方面的不同，在培训最初曾遇到过抵触。比方说，我们要求快递员在将货物递送到顾客手中时，要给顾客鞠躬道谢。但是中国员工就认为，是自己为顾客送来了货物，顾客应该对自己表示感谢，怎么反要自己对顾客鞠躬道谢呢。

在这个问题上，我们会反过来问员工，如果你是顾客，快递员对你鞠躬道谢，你不高兴吗？不管怎么样，先做做试试吧。果然，在实行之后，快递员得到了顾客的好评，这让他们也很有成就感。人与人在接触时，见到对方高兴，自己也会开心。所以，在得到顾客满意的笑脸与赞扬的话语后，中国员工也自然而然地了解到了"黑猫大和"式服务的好处，并且自愿实行下去。

我们在培训员工时，第一步骤是"理念研修"，让员工们能够理解我们的创业、服务理念；第二步骤是"模仿练习"，跟着前辈员工反复学习，到顾客家门前该怎么做，货物该怎样递上；第三步骤是"陪同指导"，在日本招聘营业运输人员，将从中选拨出来的员工作为"指导员"，派往上海，与上海的中国员工"一对一"地实际工作，一起送货，将一套好的、完善的工作模式手把手地教给中国员工。

中国对于安全安心的要求越来越高

《日本新华侨报》：现在，中国社会正面临三个安全问题，食品安全问题、交通安全问题和环境安全问题。这其中的食品安全问题，也关系到"黑猫宅急便"的冷冻快递服务。对于上述的安全问题，你是怎么考虑的？

山内雅喜：对，这真的是跟我们紧密相关的问题。中国对于安全、安心的要求越来越高，特别是食品安全。这从我们的冷冻快递服务的利用增长就可以看出。

我们的冷冻快递服务，在日本市场所占份额为一成以上，而在上海市场所占份额为两成以上。也就是说，中国社会对食品的鲜度非常重视。所以，我们今后也会继续在中国市场以冷冻快递服务为重心发展下去，将安全、安心的食品运送给更多的中国顾客。

在进行员工培训的时候，我们也特别注意上交通安全课。在遵守交通法规的同时，将一些日本的好的驾驶习惯也传授给中国员工。

关于环境安全问题，日本曾经也被严重的大气污染所困扰，所以我很能理解中国想尽快治理的心情。为了减轻大气污染，日本大多数是节能车和电动汽车，而我们也在和中国进行着这方面的研究合作。

希望日中两国都能有大局观

《日本新华侨报》：现在，中日关系处在不太稳定的阶段。这对在中国市场开展业务是否有影响？作为一名日本经营者，你认为今后该如何改善中日关系？

山内雅喜：这对我们基本上没什么影响。即使是在2012年9月，我们也没有暂停在中国的快递服务。我认为，像我们这样的事业内容，是服务于人们生活的，所以不会因两国政治上的纠纷而受到较大的波及。

但与此同时，我们做的又是亚洲一体化的运输事业，因此今后在货物出入境方面，还是有可能因双边关系的变化而被"叫停"的。

中国和日本是重要的合作伙伴关系。今后，日中两国还要一起引领亚洲更好的发展，亚洲也还要进一步地引领全球。日本因制造业而闻名，中国拥有广阔的资源，如果日中两国能够很好的合作，就能够为亚洲发展、为实现亚洲人民的幸福生活做出贡献。我希望，日中两国都能有大局观。

凝聚力与向心力是中国的强项

《日本新华侨报》：你去过几次中国？对中国印象如何？

山内雅喜：在做社长前，我曾负责过国际贸易方面的工作。因此到目前为止，我已经去过20多次中国。伴随着"黑猫宅急便"在中国的发展，近年来，我到上海和香港的次数格外多。

每次去中国，我都为中国的发展速度感到惊讶。中国的强项之一，就是凝聚力与向心力。当大方向决定后，大家就会一起集中全力地向着这个方向努力。我认为这是非常了不起的。

中国不仅发展目标明确，而且在面对新事物时，也能快速地吸收、进化，不断变新、变好。我对这种能力很是赞赏。

42 观光产业的实质是"和平产业"

访日本HIS国际旅行社董事长泽田秀雄

"旅游观光产业看起来是一种休闲娱乐产业，但它更是一种交流产业，是一种和平产业。离开了和平，失去了和平，旅游观光产业也就无法生存。"1月10日下午，面对中文版《日本新华侨报》和日文版《人民日报海外版日本月刊》的采访，日本最大的旅行观光集团——HIS国际旅行社董事长泽田秀雄深有感触地说着。

1980年，泽田秀雄创建了HIS国际旅行社，历经33年的发展，成为日本一家年利润高达4800亿日元的集团企业；1998年，泽田秀雄参与运营天马航空公司（Skymark Airlines），打破日本国内长期存在的航空垄断、票价高昂的局面，掀起了一场"票价革命"；1999年，泽田秀雄又收购了山一证券下属公司，在证券市场大显身手，仅用了5年时间就实现了股票上市；2010年，泽田秀雄就任位于长崎的鲜花度假城豪斯登堡社长，仅用1年时间就扭亏为盈，改变了豪斯登堡连续18年赤字经营的局面。作为日本财经界的大腕，HIS国际旅行社董事长泽田秀雄，创造了一个又一个看似不可能却已经成功的经典事例。

中餐也会成为世界非物质文化遗产的

《**日本新华侨报**》：泽田会长在年轻时，曾去德国的美因茨大学留学，周游欧洲各国。此后，创立了以低价位提供优质服务的国际旅行代理公司HIS。其实，无论对日本人来说还是对外国人来说，希望通过旅行获得一种感动的心情应该都是一样的。您认为，推广日本旅游的时候，怎样才能让游客产生这种感动之心呢？

泽田秀雄：是的，我一直深信，旅行能给人的内心带来感动，这对所有人来说都是一样的。

日本HIS国际旅行社董事长泽田秀雄

世界各国的文化不同，历史也不同，能给内心带来的感动也不一样。我认为，日本具有的魅力在于有多姿多彩的大自然。北起北海道，南到九州，可以春赏樱花，秋看红叶。日本的四季风光可以供观光者们慢慢品味，越品味越美。

另外，日本和中国一样，有着很多千年历史留下来的古迹遗址，蕴含着这个国家独有的文化内涵。这里，还有歌舞伎、能乐、狂言、净琉璃等日本传统的艺术形式。

最近，日本的"和食"又刚刚被列入联合国教科文组织确认的世界非物质文化遗产。这也是日本的一大魅力所在。制作"和食"的时候，不仅仅要精选原材料，还要注重视觉享受，用眼睛"看"着吃，注重味觉享受，享受"舌尖上的日本"，同时，还必须考虑有益于身体健康。这种平衡感的把握，并不是一件容易的事情。

当然，在这里我要强调，我并不是认为中餐不好。我去过中国许多地方，每到一个地方，我都要吃中餐的。中餐的种类很多，味道不同，我是非常喜欢的。在我看来，中餐早晚也会成为世界非文化物质遗产的，现在，"和食"不过是先行了一步。

要想成功，把握"平衡"最关键

《日本新华侨报》：HIS公司打破日本长期以来的由几家航空公司垄断的局面，参与运营天马航空公司（Skymark Airlines），开辟了新航线，票价也定得比一般的航空公司便宜一半左右，掀起了日本航空业界的"票价革命"。不光是旅游业的HIS，还有证券业界的HIS等，都在经济不景气的情况下获得了很大成长。带来这种效果的关键是什么？您是如何看待"安倍经济学"的？

泽田秀雄：我认为，要想成功，把握"平衡"是非常关键的。这就跟人的身体一样，身体里如果营养失衡，人就会生病，公司里也是一样，也需要"平衡"。比如，一个公司，如果销售做不好的话，技术再过硬也不行。反过来说，即便销售做得再好，技术不过硬也是不行。所以说，"平衡"最为关键。

一个企业，有规模性成长固然好；但是，迅速成长过头了，也不行。这就跟人吃饭一样，吃得太多，接下来身体就会感觉到不舒服。从长远上来看，公司发展必须是一步一步脚踏实地的，必须注重把握平衡感的经营。

说到"安倍经济学"，在过去的一年间，整个日本经济界因此显现出了多少年来未有的活力。在鼓舞人心方面，我觉得做得还不错的。当然，在具体实施的过程中，它肯定还会遇到各种各样的问题。现在，大家都担心2014年4月消费税提升后，经济上会出现一些问题。但是，日本已经有过一次提升消费税税率的经历了，对接下来的增税应该说会有心理准备和对应措施的。在我看来，这次增税，对日本经济产生的影响将比从前的那次大的。

观光业其实就是"和平产业"

《日本新华侨报》：我了解到，您有一个建设"娱乐性机场"的设想，要以平易的价格，提供方便的空中之路，让游客在3个小时内就可以飞往中国大陆和香港、台湾、韩国、东南亚等国家和地区。现在，社会上有"一小时生活圈"的工作与生活现状，您的"三小时娱乐圈"构想，对于搞活地方城市经济会产生什么作用吗？

泽田秀雄：我认为，一个国家的城市建设，也要注意"平衡"。比如在日本，光靠重点发展东京是不行的，要同时搞活其他地方城市的经济。就像一个人，光靠大脑和心脏是不能动起来的。

搞活地方经济，不仅要依靠制造业，还要发展观光业。旅游观光业其实就是一种"和平产业"、一种"交流产业"，无论对于个人、地区，还是国家都有好处。游客可以在观光地放松身心，享受当地特有的魅力。因为这些游客前来，带动了地方经济，也催生出新的人才雇用市场。旅游观光业的蓬勃发展，还能加深国与国之间的相互了解。而国家与国家间相互了解的话，就不会产生误会和摩擦。

正因为如此，我们今后还会继续扩展旅游观光业，特别是亚洲地区的旅游观光业，尽可能地降低机票价格和酒店住宿价格，让游客能够开心的享受旅行。这也是旅游观光产业的本质。

经营者的必要条件是应变能力

《日本新华侨报》：国际媒体报道称，亚洲的时代到来了。作为"亚洲经营者联合会"的理事长，您在2013年9月主办过"亚洲经营者商务峰会"，给亚洲的经企界代表提供交流、洽谈的平台。在您看来，全球化的今天，寻求成功的下一代经营者应该具备怎样的条件？

泽田秀雄：我们创建"亚洲经营者联合会"，就是要推助亚洲经济成为一体，为进军亚洲其他国家的日本企业和进军日本的亚洲其他国家企业，提供交流信息，相互合作的机会。

现在，我们这个团体正在不断扩大，目前有600多家企业成员，今年年内预计超过1000家。我们希望能够制造出更多的成功的事例。

对于下一代经营者，我期望他们开阔视野，不要只考虑一个国家的情况，要从亚洲和世界整体出发。这个世界每天都在发生变化，跟过去相比，信息量和信息途径也都有了翻天覆地的变化，所以对于成功的经营者来说，具有开阔的视野和应变能力是必不可少的。

同时，我也希望现在的经营者们能更有人情味和行动力，这样才能培养、扶植下一代经营者。

日中都应把亚洲看成一个整体

《日本新华侨报》：日本媒报道称，现在，日中关系已经陷入了自恢复邦交正常化以来的最低谷。对于中日关系的现状，您是怎么看的？民间交流能够对改善两国关系带来多大的影响？我了解到，您迄今为止去过很多次中国，对中国的印象如何？

泽田秀雄：说实话，我也觉得现在的日中关系不太好。因此去中国的日本人在减少，来日本的中国人也在减少。

今后，将是亚洲的时代，所以亚洲国家必须团结起来，抱成一团。日本有日本的强项，中国也有中国厉害的地方，各自都在亚洲地区发挥着力量。我希望日中两国把眼光放开，更长远地去看待问题，把亚洲看成一个整体。在改善日中关系的问题上，两国的民间都还有很多事情可以做。日中友好，将是一个双赢的结果。

说到民间交流，其重要性不用多说。但是，近年来常常出现的事情，就是日中两国民间交流辛辛苦苦积累的成果，总是受政治影响，我们看着是非常痛心的。由于都有各自的立场，对此进行评判是很困难的。但是，我们第一要做的是不因为这种干扰而停止民间交流，第二是希望政府层面也更加重视、珍惜这种民间交流创造的成果。

到目前为止，我去过几十次中国。第一次去大概是在30多年前了。那次，我去的是广州。当时的广州和现在完全不同，中国的变化真是太大了啊。由于中国地域辽阔，各城市的发展水平还存在着一定差距。我认为，对于中国的地方城市来说，从自己的特色出发，去搞活经济是很重要的。

采访后记：采访结束后，按照惯例，泽田秀雄应记者要求，为《日本新华侨报》签字留念——"开朗、健康"。作为一名在亚洲地区极具影响力的财经界大腕，无论是他的人生态度"开朗、健康"，还是他成功的经营哲学"平衡""应变"，都是看起来那么简单。但是，在这个世界上，把"简单"的事情办好，是最不容易的。

43 温泉，让人感受到一种母性的力量

访观音温泉社长铃木和江

观音温泉社长铃木和江

"退哉哲人逝，此水真吾师"，温泉，衍生传说，助发诗意；"春寒赐浴华清池，温泉水滑洗凝脂"，温泉，滋润肌肤，丰富情趣；"汤泉泉水沸且清，仙源遥自丹砂生"，温泉，是帝王之乐，养生之源。

尽管中国自古以来就对温泉情有独钟，但不得不承认，日本这座海中孤岛，更富有温泉资源。日本从北到南星罗棋布着28154个温泉，约有3157个温泉配有住宿设施，是名符其实的"温泉王国"。11月14日，记者去了负有盛名"温泉之乡"的伊豆半岛下田市，采访了如今在日本榜上有名的250个温泉中位居第13位的温泉——"观音温泉"女社长铃木和江。她告诉记者，温泉里涌出的，还有母爱。

母性本能助女性事业成功

《日本新华侨报》：作为"观音温泉"的第二代社长，你这样一位娇小的女性用了30年时间，就将温泉事业发展到如此规模，实在令人敬服。安倍政权为鼓励女性拥有自己的事业，出台了很多政策，称女性创造日本未来。那么，作为一名优秀的事业女性，你是如何评价这些政策的呢？

铃木和江：我个人认为，与其说是安倍政权在推动日本女性走向社会，不如说是时代的潮流所趋。现在，都已经是冲出地球，走向宇宙的时代了，日本也不能再被传统观点所束缚，要从全球性角度来看待、推动女性进军社会。

我27岁那年来到这里，进入"观音温泉"，亲身感觉到这个温泉肯定对人有益处。当时，父亲曾对我说："这个事业是五十年计划，而你的时代将是辛苦的时代。"所以，我有很强的使命感，温泉不是我个人的财产，而是日本的财产，也是亚洲的财产，我必须保护好这份财产，让它能够为社会做贡献，为更多人提供舒适和健康，这是我经营"观音温泉"的基本理念。

我不敢说自己是一名优秀的事业女性，但作为女性，在发展事业时，会有一种母性本能，能够更多地站在别人的角度考虑问题。只要客人有需要，就愿意尽力去提供。所以我认为，女性在进军社会时，不需要跟男人比体力、比拼劲，而应该多发挥这种母性本能，才更容易获得成功。

客人是多元化发展的灵感来源

《日本新华侨报》：日本是著名的温泉国度，我本人也来日本多年，去过很多温泉，但像"观音温泉"这样多元化的实在少见，这里有强身练技的武道馆，有各式温泉，还贩卖温泉饮用水、温泉护肤品，利用温泉进行蔬菜栽培等，形成了一连环的温泉产业。这种多元化发展的灵感来源是什么？

铃木和江：1963年，我还在读高中的时候，父亲小林运正就在这里买下了山林进行温泉开发。在挖掘温泉时，挖出了一尊观音像，因此，这里就被叫做"观音温泉"。

武道馆是父亲建的。父亲喜欢用武道来锻炼自己的精神，所以就在这里开设了一个体育馆和集训宿舍，让青少年和运动员们能在大汗淋漓的训练后，再到温泉里泡泡缓解疲劳。这里好山好水、环境清幽、空气清新，有助于人排除杂念，集中精神，在训练里超水平地发挥。日本防卫大学剑道部的学生也到这里来合宿呢。除此以外，日本还有一些奥运会选手将这里作为了固定的精神修养场所。

这里的客人们，才是"观音温泉"多元化发展的灵感来源。有客人跟我说，他因为胃肠不好，每次来都会装上很多温泉水带回家，用这里的温泉水泡咖啡格外香。为了照顾更多人的胃肠，也为了给喜欢饮用的人提供安全、方便的温泉水，我在取得了国家的食品安全许可后，在温泉源头的旁边开设了一个工厂，让温泉水不接触空气就可以装入瓶子里饮用。欧洲国家很早就流行饮用温泉水，但日本政府直到1998年才正式审核批准，比欧洲要晚了好多年。

还有客人跟我反映，她皮肤过敏，但在这里泡过温泉后，皮肤变得很光滑，也不红也不痒了，要是天天都能用这里的温泉洗脸、护肤就好了。为此，我专门请来专家检测，开发了温泉水系列的基础护肤品。

为了应对未来的全球气候变暖问题，我在这里设置了三个太阳能发电装置，用来自给自足，并在此基础上建造了六个蔬菜培养温室，一年四季都能收获新鲜的蔬菜。

中央温泉研究所所长甘露寺泰雄先生曾对我说过，"维护温泉，就是维护大自然，维护一个可以温泉浴，可以和动物、植物接触的环境"。一直以来，我都是这么做的，利用自然，保护自然，让温泉水如同观音菩萨的慈悲一样喷涌，恩惠四方。

温泉业是能够恩惠大家的事业

《日本新华侨报》：欧洲也有泡温泉、饮用温泉水的习惯，像意大利这个国家，就有300多处温泉。日本的温泉和欧洲的温泉有什么不一样的地方？

铃木和江：不仅日本和欧洲的温泉有区别，就是日本和日本的温泉，日本同一个城市里的温泉，也因为地域、地质、源头的不同而水质、成分完全不一样。但与此同时，所有的温泉又都有一个共同点，就是有益于人体健康，所以说，投资温泉业是一个能够恩惠大家的事业。

"观音温泉"里共有三个源泉，它们的成分也都不一样，但都是超软水。

中国游客都是我的亚洲朋友

《日本新华侨报》：其实，中国自古以来也有温泉文化，唐玄宗与杨玉环也留下了一段"春寒赐浴华清池，温泉水滑洗凝脂"的情感故事。近年来，中国访日游客人次逐年增多，其中也包括很多专门来体验日本温泉文化的。在你看来，日本温泉文化的魅力主要体现在什么地方？

铃木和江：温泉好，就好在各有特色，不同的文化背景和历史背景会孕育出不同的温泉。

在日本，温泉自古以来就有三大作用——疗养、保养、休养。在药物并不发达的时代，温泉在治疗很多疾病上都发挥了重要的作用。到了近现代，人们有病吃药，有病问医，医疗环境是越来越好，但人们的心理压力是越来越大，于是，温泉又在减轻压力、舒缓神经上发挥了不可取代的作用。

在我看来，温泉，就是地球母亲给予人类的礼物，能够帮助人类达成美与健康这两项最高追求。"观音温泉"迎接过不少的中国游客，但是我从来不说"欢迎你，来自中国的游客"，而是说"欢迎你，我的亚洲朋友们"。日本和中国都是亚洲国家，我们都是亚洲人，是兄弟姐妹。虽然日本政府有时候会说这说那，但我对那些完全不感兴趣。我们不是生活在政治世界里，而是生活在人类世界里。

我的使命就是让更多人享受温泉

《日本新华侨报》：现代人更愿意为健康投资，而温泉，也总是跟健康联系到一起。你个人就曾把温泉产业命名为健康产业，今后，在发展健康产业的道路上你的抱负是什么？

铃木和江：是的，现在还有不少人都坐着直升飞机来这里泡温泉，我们还专门设了停机坪，因为他们很忙，时间很赶，而我则发现，越是事业忙碌的人，他们越注重健康，身体也越好。

温泉产业是一个健康产业，这其实是温泉告诉我的。"观音温泉"有很多促进健康的成分，有人在这里治好了过敏性皮炎，有人在大肠癌摘除手术后选择到这里疗养。

温泉文化是一种以客户为主，大家共同打造的文化，我要将这种文化发扬光大。

《日本新华侨报》：你去过中国吗？对中国有什么印象？

铃木和江：中国，是离日本最近的国家，所以我会留在最后去。我都是从距离日本最远的国家开始旅游的。

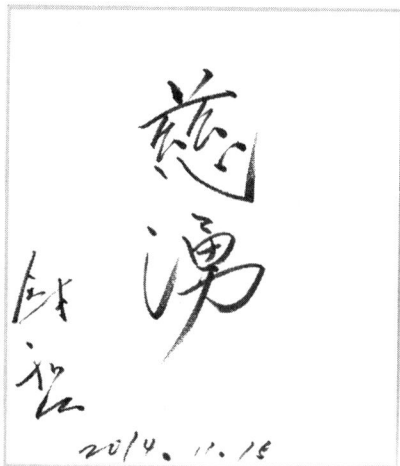

铃木和江的题字

我父亲很喜欢中国，晚年还被人认为是一个中国人。我很期待自己去中国的那一天。

采访后记：在采访结束后，铃木社长写下了她最喜欢的两个字——"慈涌"，送给《日本新华侨报》，"让温泉水如同观音菩萨的慈悲一样喷涌，恩惠四方"，这是一个受益于温泉又回报于社会的七旬女社长的愿望，一种像观音菩萨一样的母性力量。

日中房地产业界应携手合作

访日本株式会社NEXT社长井上高志

44

今年只有40岁的日本株式会社NEXT的社长井上高志，26岁开始创业，以一个普通消费者的认知需求开办了HOME'S网站。经过14年的艰苦打拼，目前成为拥有全国360多万个物件的日本最大房地产信息门户网站。他的公司也在2006年成功上市。

记者事先了解到，有一次，井上高志公司里面的一位员工把储有4312件个人信息的手提电脑丢失在公共汽车上。他下令公司紧急动员，用整整7天时间硬是把几千条相关数据资料一件一件准确核对复原，并在媒体上主动公开

**日本株式会社NEXT社长
井上高志**

这一信息。他说自己信奉当今日本"经营之神"稻盛和夫的"利他哲学"。

记者还了解到，井上高志正在筹办一个多语种的房地产信息网站，希望能够为包括中国在内的亚洲国家和地区的客户提供房地产资讯。为此，他多次前往中国的沿海地区，他说："我要用自己的脚、自己的眼睛、自己的大脑了解中国。"

"中国房地产崩溃说"难以成立

《日本新华侨报》：作为一位经营日本房地产信息网站公司的老板，你肯定对日本房地产市场比较了解。作为正在开拓海外市场的日本房地产业界的经营者，我知道你也很关注中国的房地产市场。在日本，对中国房地产经济是有各种各样说辞的，"中国房地产泡沫说""中国房地产崩溃说"都很有影响，你的看法是什么？

井上高志：从战后发展的历史来看，日本曾经历过严重"住宅不足"的时代。那个时代，东京等大城市都兴建了大量的公团住宅、市营住宅等，首先要满足量上的需求。其后，日本才逐渐开始转型，从追求数量转向追求质量。由此看来，中国房地产市场目前应该还是处于追求数量的阶段。这种数量由于集中在中国的大城市并且延伸到二线城市，在拆迁用地以及城市税收、市容改貌等方面都非常引人注目，自然也成为社会关注的焦点之一。

考虑到城市的发展史，中国社会经历了一个住宅"欠债"的时代，现在也还处于"还债"的时期，各地都还在兴建"经济适用房"就是一个最好的说明。考虑到人口，中国的人口是日本的人口十倍以上，对住宅的需求量也是很大的；再考虑到中国的地域，其辽阔的程度也是日本所不能比拟的。也就是说，兴建住宅的发展空间是存在的。坦率地讲，我到中国走了许多地方，看到中国的新建住宅质量还不能说是"百年大计"，更新换代的时间可能是在一代人之间就要进行。因此，我预料不会出现"中国房地产崩溃"。

至于"中国房地产泡沫说"，在不同的地区是存在的，但这应该还是在可以控制的范围之内的。况且，泡沫是可以挤压出来的。

调控好投资动向就可以防止泡沫

《日本新华侨报》：尽管如此，中国人看到日本房地产泡沫破灭以后"失去的十年""失去的二十年"这种经济低迷状况，还是很担心中国自己会走日本的老路的。你认为中国应该从日本破灭的房地产"泡沫经济"中汲取哪些教训呢？

井上高志：在我看来，兴建住宅首先是为了让人居住的。如果把它作为投资的途径，就会引来大量热钱的涌入，就会催生出房地产市场的泡沫。20世纪80年代日本的确出现过这种情况，半年之间住宅价格上升了1.5至2倍左右。往往是A公司将住宅卖给B公司，B公司又将住宅卖给C公司，C公司再卖给D公司。这种完全没有附加价值增长的住宅，在A往B流转的过程或者往C、D流转的过程中，价格就增加了20%，到最后房子的价格涨了两倍甚至三倍。这怎么可能不出现房地产泡沫呢？

从实际情况来讲，想居住在这个地方的人，才是真正的住宅需求者。为了满足这些人而兴建住宅，房地产市场就算是健全的。反之，投资者大量涌入，最后导致房价飙升，完全超过房子的实际价值，形成房地产的泡沫。我看到中国政府在进行严格的调控，但我认为这种调控主要是针对投资者的，是针对房地产泡沫的，而不是忽视住宅需求者的，因为中国民众对住房的实际需要还是存在的。中国政府这样做，从某种程度上讲，就是汲取了日本的教训。

中国市场吸引日本房地产企业

《日本新华侨报》：近年来，日本一些房地产公司不断进入中国市场。与以往日本制造业进入中国相比，你认为日本房地产企业的中国市场战略是什么呢？

井上高志：是这样的。我也看到日本的住友、三井、积水、三菱、大和、东急、森等大型房地产企业前往中国，他们有的在上海、北京等地兴建了一些地标性的高层建筑。

日本大型房地产企业为什么能够在中国兴建如此众多的高楼呢？显然，日本市场已经没有这种旺盛的需求了，他们留在日本没有什么发展前景。打个比方，如果说一笔房地产的投资，在日本要完全收回资本的话，至少需要30至50年，而投资到中国，回收资本就会非常的快。作为一个能够进行理智判断的房地产企业，他肯定会将这种投资放在中国的。所以，与其说日本房地产企业的中国市场战略，不如谈中国房地产市场的需求。

此外，伴随着中国的经济发展，特别是中国人生活方式的转变，人们对房屋的需求不仅有数量上的，还有质量上的。相对来说，日本房地产企业的建筑质量还是上乘的，"大和房屋"在中国苏州、沈阳等地投资成功，与质量是有关系的。这样说来，日本房地产企业的中国市场战略之一就是提供更加优质的住宅。

中国人在日购置房产说明了什么？

《日本新华侨报》：在日本房地产企业积极进军中国市场的同时，

近年来出现了一种"逆向进军"，就是中国的房地产业界或者日本所说的"中国富裕层"开始进入日本，投资或购买了一些日本房地产企业、土地、住宅等，日本媒体出现了"中国红色资本将要买下日本"的说法。你是怎么看待这个问题的？

井上高志：我是日本的企业家，但我认为日本人不应该持有这种看法。实际上，在日本房地产泡沫时期，日本的房地产企业也到海外大肆收购土地、房子。比如，当时有的日本企业在纽约买下美国洛克菲勒大厦。美国人的反响是非常强烈的，他们也曾怀疑日本是否要买下整个美国，"日本威胁论"也出现过。

在商业世界里面，因为所谓的国籍问题就对问题另眼相看，说某某不怀好意什么的，这种想法是非常奇怪的。在经济全球化的今天，哪个地方的投资能获得利润，哪个地方能赚钱多，就应该把钱和人放到哪个地方。如果中国的富裕层认为自己有钱，愿意在日本购置房产，就应该允许他们这样做。这说明日本还有价值。

为什么日本媒体会有"红色资本买下日本"这类报道呢？说白了，他们就是要提高收视率、阅读率，那就只好选择一些可以煽动民众情绪的报道。在我看来，日本还是有很多好的投资项目的。比如说，拥有上百年历史传统的温泉，还有乡间旅馆、餐馆等。随着高龄化、少子化的问题越来越严重，这些温泉、旅游的经营都出现了很大的问题，有很多都处于濒临倒闭的境地。如果中国企业能投资到这些设施里面，然后吸引更多中国游客到这些地方来旅游，确实是非常好的事情，也应该能够取得非常好的经济效益。如果日本当地的民众说这也不行，这不能买那也不能买，那就等着这些餐馆、温泉破产吧。

中日房地产业界应携手合作

《日本新华侨报》：刚才我们谈到日本一些房地产企业开始进军中国。同时，中国的房地产业也在瞄准日本的房地产市场。你认为未来中日房地产业应该怎样进行合作呢？

井上高志：我们现在也在考虑这些方面的问题。日本是一个地震大国，各地经常发生地震，自然灾害也频发。但是，日本已经基本上做到"地震不发生在建筑上"，也就是说，住宅建筑不会因为强烈地震而倒塌。从3·11东日本大地震也可以看出，许多房屋都是因为地震引发的海啸冲击而倒塌的。这说明日本拥有质量好、高技术的住宅。包括建筑公司在内的日本房地产企业应该把这种技术、这种建筑理念带到中国去。

此外，日本的房地产企业还应该帮助中国房地产企业进入日本市场，比如，为他们举行详细的说明会，为他们做向导。从我们公司来讲，我们经营不动产服务网站"HOME'S"，也想让这个网站跨越国界，进入中国等亚洲国家和地区。我知道中国太大了，如果要在全中国推广这样的业务，肯定要花很多年的时间，但我愿意用下半辈子的时间来做这件事情。

实现房地产信息国际化

《日本新华侨报》：这种面向多国家多语种的房地产信息网站，有多么大的市场发展前景呢？

井上高志：现在我们公司的房地产信息网站上面有大概360万条房地产信息，其中大部分还有中文和英文的介绍。对于海外的顾客来讲，如果有中文和英文的简介，他们很快就会明白。这也是我们公司走向国际化的重要一环。以后，我们还想把中国的房地产信息放到网站上，用日文介绍，也用英文进行介绍。我们还想把泰国的房地产信息也用中文进行介绍，让中国人能够通过我们网站，到泰国去投资房地产。尽管目前有些中国人开始在日本购买房地产了，但越南、泰国这些国家的经济发展以后，我想中国人也会去那里投资的。我的理想是，随着我们国际业务的发展，我要让全世界的人都能够用自己的母语，在我们的网站上看到世界各地房地产的信息。这是一项从未有过的事业，我一定要努力去实现。

中国企业家充满活力

《日本新华侨报》：我知道你曾多次前往中国，公司里面也有中国雇员，你对中国最深的印象是什么？

井上高志：我是搞房地产的，比较重视面积问题。中国给我最深的印象就是辽阔，是一个真正的大国。说实话，我还没有去过中国的内陆省份，一般都是在大城市和沿海城市巡回，上海、北京我去过，大连、深圳、广州我也去过。每次到中国，我都会感受到中国是一个具有发展潜力的国家。这在日本我已经感受不到了。

此外，作为房地产业界人士，我跟很多中国企业家打交道的时候，感受到他们非常有活力，而且对前途充满信心。这种精神状态以前在日本人身上看到过，但现在日本企业家好像已经不再具有这种活力了。每次从中国回到日本，我都要激励自己，一定要努力，否则我们很危险，就会完全输给中国的企业家。

是的，我们公司里面也有中国雇员。中国的留学生当中有非常优秀的年轻人，把他们雇用到日本的公司里面来，甚至再把他们派回到中国，是一定能够促进日中经济交流的。

45 日中大力推动人才交流能实现双赢

访日本绳文株式会社董事长古田英明

日本绳文株式会社董事长古田英明

21世纪的国际竞争将是人才的竞争，谁掌握了人才谁就掌握了未来。为此，一批为客户猎取优秀人才的猎头公司应运而生。在全球化突飞猛进的时代里，很多猎头公司将目光转向了人才济济的中国，通过挖掘人才激发着世界的活力，成立于1996年4月的日本首家猎头公司绳文株式会社就是其中的佼佼者。

近日，《人民日报海外版日本月刊》《日本新华侨报》记者联袂走进绳文株式会社，采访了该社董事长古田英明、亚洲室室长渡边纪子。

古田英明说，为了打破如今日本金字塔型的封闭雇佣状态，实现从"会社的终身雇用"到"社会的终身雇用"的形式大转变，也许日本应该回到被称作原点的绳文时代。会社取名"绳文"，不仅为了增加厚重感，也是想将这样的信息融入其中。

在华发展才能增强日本国际竞争力

《日本新华侨报》：你是发掘人才的专家。现在社会对人才的需求，与10年、20年前相比发生了怎样的变化？中国和日本在谋求人才上有哪些区别？

古田英明：对人才的需求会随着时代产生一些变化，但有些基本的东西不会变。比如说前些时候，我和亚洲室室长渡边一起去重庆，参观了三峡博物馆，颇有感触。"绳文文明"是日本非常古老的一种文明，就和中国的长江文明一样。当时，长江文明中有很多优秀的东西流传到日本，成为日本文明的一部分，经过千百年传承下来。

其实，在人才的挑选上也有一些规律性的东西，是千百年都不会变的。茫茫人海中，谁适合成为领导者，具有什么样素质的人能够带领大家，这些规律无论在哪个时代、在哪个地方都不会变。人才挑选中，这些不变的规律占了八成以上，而时代发展带来的全球化要求等变化大概占了两成。也就是说，中国与日本在对人才的要求上，古老的八成东西是共通的。

《日本新华侨报》：近年来，绳文公司不仅在日本国内，还积极向中国进军。为什么看好中国市场？

渡边纪子：我在大学读的是中国文学专业。在以前的商社工作时，也主要从事与中国有关的工作。古田社长告诉我，要把事业拓展到中国乃至亚洲，邀请我一起做。于是我加入了公司。

为什么说必须在中国做一番事业呢？因为从日本近年的经济状况来看，实际上已经输给了世界。虽说"安倍经济学"让经济有了暂时的好转，但是日本"失去的几十年"不是仅凭这个就能找回来的。所以，为了使日本在世界竞争中占有一席之地，我们必须走出国门，到中国去做一些事情。

我们一直在宣扬"千万日侨计划"。可是到目前为止，总人口一亿几千万的日本，在外国注册的侨民只有150多万人，仅占1%左右。而韩国却有一成左右的人在国外奋斗。因此，我们公司想尽力去做一些人才方面的工作，以弥补这个差距。

最初，我们是帮助一些想在中国打拼的日本人，后来发展到帮助中国人。刚刚在中国开展业务时，我们也有一些烦恼，比如我们公司的名字"绳文"，是一个日本味十足的名字。这个"日本味儿公司"如何帮助中国人呢？后来，我们想到把发掘的中国优秀人才作为日本企业的干部，让他们帮助日本企业在世界竞争中获得一席之地。这种战略非常有意义。

很多人会提出疑问："如果采用中国人，他们很快就会辞职，到时候怎么办。"可是从我的经验来看，中国人取得MBA学位（工商管理硕士）前会在几个公司短暂工作，取得MBA以后，一般会在一个公司干上很多年。优秀人才在全世界都是通用的，不能说因为是中国人所以喜欢跳槽。

挖掘"沉睡"的人才激发社会活力

《日本新华侨报》：在激烈的国际化竞争中，日本可能需要为重振经济而进行各种努力，日本企业在其中应该发挥怎样的作用？

渡边纪子：我认为，挖掘出能活跃在世界舞台的日本人非常重要。日本以前实行的终身雇佣制，让很多优秀人才都无法走出去。如果大企业里海外经验丰富的骨干去另一家公司发展，推动这家公司的全球化，就能提高日本的整体实力。我们的工作就是为每个人提供最好的舞台，让企业与人才获得双赢。

现在，很多企业为培养"全球化人才"，首先向海外派遣驻员，然后让这些海外驻员返回日本后，又派到另一个地方，如此反复。而我们的做法是把在中国工作了 8 年的人，这次派往新加坡，下次派往印度，最后让他们成为世界通用的人才。

《日本新华侨报》：你在1996年建立了日本首家猎头公司。公司的理念是从"一个公司的终身雇用"到"一个社会的终身雇用"。这个理念与其他公司的最大区别在哪？

古田英明："工作"这个行为，并不是现在才有的，而是从古代传承下来的。工作对人的重要性不言而喻，能和人交流也能发挥自己的作用，当然是一件很开心的事情。日语中的"工作"这个词，就包含了快乐的意思，是指与周围的人一起做开心的事情。

日本绳文株式会社亚洲室室长
渡边纪子

每个人从事的工作，有时候与自己想做的事很合拍，而有时候并不是那么合拍。如果是在公司工作了30年以上的人，他觉得公司要做的事和个人想做的事不一致，那可能是工作不适合他。如果只在一个公司工作了一两年就觉得"哎呀，怎么跟我想做的事情不一样"，就打算跳槽的人，我觉得他是没有好好考虑。

判断一份工作是否适合自己，可能需要花费十年以上。所以，努力让自己想做的事和公司想做的事相吻合，才是最重要的。人的一生中，这种调整最多要经历三到五次。

20年前，日本是"日本的社会"，然后逐渐变成了"亚洲的社会"甚至"地球的社会"。现在的日本年轻人，一直待在一个地方的人比较少，中国年轻人也是一样。

但是，我建议年轻人不能只在一家公司仅仅工作一两年，至少也得五年。比如中国这十年、二十年翻天覆地的变化，当时如果仅仅看一两年的状况，是看不出来的。公司也是一样，不干上五年或者十年，业绩无法看出来，自己也不能熟练掌握知识。

当然，也不是说在一个公司待的时间越长越好，要根据企业成长和自身的职业规划来综合判断。

中国人适合担任最高职位

《日本新华侨报》：你去过中国很多次，印象最深的事情是什么？

古田英明：我深刻感觉到了时代的变化。1977年，我第一次去北京的时候，天空真的很蓝。虽然那个时候民众的生活不是很富裕，但是他们的眼睛非常清澈。那个时候，他们充满了革命信仰，即使是外国人也能感觉出来。

现在，虽然这样的人还存在，但是和以前相比还是发生了很大变化。以前去中国，如果送对方计算器，对方会非常高兴，可是现在就拿不出手了。因为中国发展了，民众的生活水平也得到了大幅度提升。

所以，中国领导人抓住时机取得了举世瞩目的成绩，虽然发展的同时也失去了一些东西。

中国人有自己的独特优势。比如社长这个位子，中国人就非常适合。我觉得，很多日企如果让中国人来当社长，可以得到很大发展。至于经理、财务方面的职位，我觉得日本人比较好。总体来说，中国人非常适合担任最高职位。而中间的管理职位，日本人更胜任。中国人决定战略方向，接下来由日本人来实行，这样的组合能发展得很好。大力推动这种日中之间的人才交流和互补能实现双赢，是我们最大的心愿。

另外，日中两国企业都面临着人才世代交替的问题，怎样去协助他们做得最好，也是我们致力解决的问题。

渡边纪子：我1989年考入东京大学，选择的是中国文学专业。当时，周围的人都很惊讶："你为什么选择中文系？"可是到了2000年，大家都夸我说"你真是有先见之明"，完全变了态度。这种变化真让人吃惊，也说明能够预测到中国大发展的人不少。

毕业后，我因为工作在北京生活过 6 年。当时我是日企派遣到中国的驻员，主要工作是和中粮集团等中国企业打交道。印象最深的就是和中国同事一起参加军训。当时参加军训的就我一个日本人，这是很难得的经验，让我终身难忘。

日中发生冲突的赢家是美国

《日本新华侨报》：你一直在学习中国的古典文化。从这些著作里，你学到了什么？

古田英明：在怎样成为一个好领导、一个领导应该怎样带领下属等问题上，日本从中国学了很多。而这些范本就是中国的《论语》《孟子》《韩非子》《孙子》等古典著作，里面百分之七十到八十的内容都写到了精髓。我认真地学习这些古典著作，和中国人交流的时候，发现能够用心来交流。所以，我觉得学习这些经典著作，也是沟通日中两国民众心灵的桥梁。

《日本新华侨报》：现在，中日关系正处在邦交正常化以来最严峻的时期，双方应该如何打破僵局？

古田英明：其实，就与寻找人才一样，日中双方要找到共通的东西。双方在共同点上努力，就能求同存异，最后友好相处。而且，我们还必须用发展的眼光看问题。1977年，我第一次去北京，那个时候"文革"才刚刚结束，民众都穿着中山装，读毛泽东语录。可是，近40年过去后，我们再来看中国，已经取得了这么大的发展成就。日中两国都处在变化之中，眼前一些无法解决的问题，不妨放一放。说不定一些年后，那些曾经非常大的问题就变成了小问题。

我觉得，现在不是争论钓鱼岛等问题的时候。日中为此发生冲突，最开心的应该是美国。这样争来争去，会让美国在亚洲的势力更加发展，日中都将受损，它才是最大的赢家。日中两国应该借鉴彼此的优势，在更深层面上一起携手共创未来。

"众包"的中国市场会比美国市场大

访株式会社Crowds Works社长兼CEO吉田浩一郎

**株式会社Crowds Works社长兼CEO
吉田浩一郎**

伴随着互联网时代的到来，社会上出现了越来越多的"SOHO一族"。由于他们可以在家工作，自行安排时间，远离人际关系纷扰，不用挤车冒雨地上下班，不受空间地点约束，因此吸引了很多向往自由、浪漫的人加入。2013年7月23日，记者走入日本第一家，也是最大一家为"SOHO一族"提供工作的网络服务平台——株式会社Crowds Works，采访社长吉田浩一郎。吉田浩一郎说，"这种新型事业的出现，不仅打破了传统的就业模式，为更多渴望收入的人提供了工作机会。同时，它也是解决日中两国面临的"高龄化"问题的方法之一。我们对会员没有年龄、地域、国籍的限制，有很多中国会员人在国内就能接到日本公司的订单。"

"众包"是一个划时代的新事业

《日本新华侨报》：贵公司的事业模式"Crowds Ourcing"，应该是最近两三年日本才有的。"Crowds Ourcing"的具体意思是什么？能简单介绍一下吗？

吉田浩一郎："Crowds Ourcing"，是互联网带来的新的生产组织形式，也叫做"众包"。"众"，指的就是群众；"包"就是承包出去的意思。

我们所提供的服务，现在日本全国有5万名的工程设计师、综合职务人员在使用。像为苹果系统或者安卓系统开发设计下载软件等，都可以简单地拜托给个人来做。现在，公司有任务，最短15分钟内就有人接下订单。

就日本市场而言，从前都是企业对企业下订单。像这种企业对个人下订单的，则是日本文化中原本没有的。在进入21世纪后，因特网的发达，令所有人都能自由地展示自己的价值，用空闲的时间来做事情。

比方说，在从前，你想做某项工作，得先递履历书，然后再面试，还得辞掉原来的工作等。这样一来，就需要花费一到两个月的时间。再比方说，你要为哪家公司制作网页，得先从想制作网页的公司拿到预算书，然后再签约。这中间，也需要花费两到三周的时间。

有了"众包"后，这样的工作就可以马上拜托给日本全国现在正好有空的人。所以说，"Crowds Ourcing"，也就是"众包"，是一个划时代的新事业。

创业一年拥有客户一万多家

《日本新华侨报》：是什么让你决定要在日本进行这种新型事业的？主要契机是什么？

吉田浩一郎：契机有几个。第一，是因为我以前在越南从事过日越两国的进口工作。有一次，就因为少准备了一份文件，物品就在出入关时被扣下一个多月。但在这一个多月里，日本与越南却可以在网络上正常地进行信息交流。这就让我认识到，网络是一种新的流通形式。如果我们能把重心放在利用网络进行工作信息交流上，不就可以更好地为需要的人提供服务吗？

第二，在去越南前，我曾是一家IT上市企业"Drecom"的董事会成员。日本的上市企业的工作规范特别严谨，比如说不能在公司以外的地方工作等。但对于设计师来说，在自己家里或许会更有灵感，而且一般设计师家里的专业器材也要比公司里的好；再比如，上市企业有规定的上下班时间，从早上9点到17点。而对于不需要和人交流的工程师来说，晚上工作或许会更有助于精神集中。但这些情况上市公司都无法对应。与此相比，我们这种网络上的"众包"模式，就显得非常方便。

第三，在"Drecom"工作的时候，一份5万日元或10万日元的订单，几乎没有人来接活儿。因为无论是哪个公司，都不愿意做小金额的订单。可是自由的个人技能者却不一样，他们会愿意把这个活儿给接下来。

以上三点，就是我开始这项事业的原因和契机了。我们是从2011年11月开始创业的。仅一年时间，营业额就增长了12倍，工作订单达到了36亿日元。对于仅创业一年的公司，就能拥有一万多家客户，这样的情况是很少见的。

胜出秘诀在于价位低、速度快、质量高

《日本新华侨报》：你能不能总结一下，在日本市场上获得巨大支持的理由是什么？

吉田浩一郎：简单说，吸引大家的主要理由应该是价位低、速度快、质量高。

比如日本经济产业省的一个项目，预算是200万日元。但通过利用我们的平台，包括调查著作权和登记商标在内，只花费了20万日元，是原来的十分之一。这，就是价位低。以前，企业需要花费一个月才能找到合适的人来负责的工作，现在只要放在我们的平台上，15分钟就会有人接下订单。这，就是速度快。凡是在我们这里注册的会员，客户对他的评价是公开的。而且企业与会员之间，也有一个试验环节。举个例子，比如说打1000字的文章，以每个人1000日元的价格，让20名有意接订单的会员来试。这样一来，仅用2万日元就可以试出每个人的水平，并找到最为合适的那个人。这，就是质量高。

另外，我在上市公司做过董事会成员，大企业的老板们会考虑到的事情，我也能考虑到。因此，我们拥有与大企业合作所必须的系统、工具、规则、能力等。也因此，在我们公司成立还不到一年的时候，就已经和年销售额5000亿日元的企业建立了合作关系。最近，又刚刚和微软集团签订了合作协议。

为解决"高龄化"问题做贡献

《日本新华侨报》："Crowds Ourcing"的出现，打破了日本传统的雇佣模式，并且也在改变着整个社会的形式结构。对此，你怎么看？

吉田浩一郎：在日本，一般来说，大家都认为成为正式员工才是最重要的。但据调查推测，到了2020年，日本正式员工的比例将只有现在的一半。因此，日本社会要提供除正式员工以外的工作环境，日本人也需要接受工作方式的多样化。而我们的出现，就恰好给大家提供了除正式员工外的另一种工作方式。不需要上下班，就有持续性收入，这是日本还从未出现过的工作方式。

而且我们对会员的年龄、地域、国籍都没有限制。现在，注册我们网站的会员中，年龄最大的是85岁，接下订单的人当中，最大年龄79岁。这要是在从前，一个79岁的老太太说，"请给我工作吧"，那基本是不可能的。但有了我们这个平台后，只要可以打字，就有机会接到工作。有调查报告显示，在我们这里接订单的高龄者里，有三分之一的人平均每月可以收入二十万日元。如今，"高龄化"问题，已经成为日本的一个严峻的社会问题。中国也正在走向"高龄化"。而我们的事业内容，可以为"高龄化"社会提供一个解决方法。

在日本，几乎所有的大企业都集中在东京，而东京以外的地域就出现了"过疏化"现象。但是通过我们的平台，即使是岐阜县的优秀人才也可以在当地接下东京的工作。还有就是"3·11大地震"灾区的福岛县南相马市，那里的人也可以利用我们的平台接下东京的工作。我们在某种程度上也能为灾后重建贡献一些力量。这也是日本媒体特别关注我们的原因。

现在，我们和全球135个国家都开展着交流合作，有来自62个国家的会员登录我们的平台。中国也有不少会员。有一个中国人和日本人的"二人组"，他们人在大连却接下了日本企业的42份订单，并且得到了企业的高度评价。因此，我认为，"众包"在中国的市场会比在美国大很多。

失败的时候就是最能成长的时候

《日本新华侨报》：我看过你的个人简历以及创业历程，中间也经历过一些挫折。对中日两国的正准备自主创业的年轻人们，你有什么建议？

吉田浩一郎：我觉得失败的时候就是最能成长的时候。比如说自己拼了命，却进行的不是很顺利，人就会感到不甘心，也就会继续学习，继续成长。但如果一个人没有全身心地投入到事业中去，而是一心两用，那么他就算失败了也不会那么不甘心。没有不甘心，就不会成长。我认为，如果年轻人真打算创业，现在就应该立马放下手头的其他事情，只专注到创业这一件事上。

我以前也经营过一家公司，但被公司里的"二把手"背叛了。他把客户带走，自己另开了家公司。我当时非常痛苦。但在现在看来，我应该感谢这个人，如果不是这个人的背叛，我可能现在还在一点一点的存钱。是他让我决定做出一个谁也带不走的工作模式，创造出一个让人一直想在这里干下去的工作模式。

我认为，人的梦想应该在自己的强项里面找，这样大家才会自然而然地跟随你。比如说你突然要我去做潮流产业，而我对于那些完全不懂，就不可能很好地做下去。但因为我现在发挥的是自己的强项，所以不管别人怎么说，自己都不会为之动摇。

在这次创业时，我拿出了2500万日元，把车子也卖了。我最珍惜、在意、需要的不是金钱，而是来自人们的感谢。如果只有钱，而没有其他人的支持与理解，就会让我感到活着本身就是一件比较无聊的事情。

将来考虑和猪八戒网合作

《日本新华侨报》：你去过中国吗？对中国的印象如何？中国最大的在线服务交易平台——猪八戒网，可以说是你的同行。对于猪八戒网，你怎么评价？

吉田浩一郎：我去过中国的上海、大连和沈阳。说到中国，我觉得还是很有地域特点的。比如说，上海人和大连人的性格就好像有些不一样。大连从很早以前，就有不少的日资企业，因此大连人比较"亲日"。上海是国际都市，有来自不同国家的外国人在那里工作，充满了活力。

猪八戒网的经营模式和我们相同。他们的事业规模比美国的同类公司还要大。今后，我们将提供英文的在线服务交易平台，也会在将来考虑和猪八戒网合作。